Die Ansichten der Anderswelt

Über den Sinn

der zehn Gebote von Moses

und

das Vater unser von Jesus

von

Uta Hierke-Sackmann

Hans-Jürgen E. Sackmann

Uta Hierke-Sackmann
Hans-Jürgen E. Sackmann

ISBN 978-1-4716-1204-6

Bilder: Hans-Jürgen E. Sackmann
Verlag: Hans-Jürgen E. Sackmann

Autor: Hans-Jürgen E. Sackmann
Adressen im Internet:

http://www.jenseitsmedium.de/

http://www.jenseitsbibliotheken.de

Drucker: Lulu.com
Lulu Enterprises Inc.
860 Aviation Parkway
Suite 300
Morrisville, NC 27560
United States of America

Vorwort

Elia:

Die Bibel ist wunderbar!

Aber sie ist auch verdreht, gefälscht, beeinflusst, verändert, man muss sie mit Weisheit lesen.

Und die Weisheit, dass bedeutet: Lies sie mit dem Herzen!

Du wirst feststellen, dass sich Passagen widersprechen.

Du wirst feststellen, dass Dinge dir völlig absurd erscheinen.

Es ist ein Buch, das Jahrtausende alt ist mit ebensolchen Werten.

Dennoch bleibt die Weisheit Weisheit.

Lies dieses Buch mit dem Herzen!

Dies ist eine Sammlung von Texten aus den letzten 8 Jahren, die immer im Zusammenhang mit einem speziellen Thema erzählt wurden. Dieses Thema finden Sie jeweils in der Überschrift zu einem Kapitel. Den Beitrag finden Sie auch unter der angegebenen Nummer in unserer Bibliothek des Lebens.

http://www.jenseitsbibliotheken.de

Inhaltsverzeichnis

1.Kapitel

Beitrag 464
Elia
Die 10 Gebote von Moses

Hajo: Die 10 Gebote, die wir hier haben und die wir mal durch Moses bekommen haben sollen und die ja eigentlich in unserem christlichen Gebiet doch sehr befolgt werden, sind auch Richtlinien im Jenseits, oder?
Elia: Sie sind Richtlinien des sozialen Gefüges im Diesseits. Im Jenseits gibt es diese Bewertung in diesem Sinne nicht, denn die jenseitige Bewertung ist umfassender.

In den 10 Geboten habt ihr klare Sätze: Du sollst nicht töten. Du sollst nicht stehlen. Du sollst nicht begehren ...

Ihr scheitert alle daran. Ihr scheitert in irgendeiner Weise an irgendeinem dieser Gebote. Das heißt nicht, dass diese Gebote nicht richtig wären, sie sind in der Tat richtig. Aber sie sprengen euren Rahmen der Möglichkeit.

Im Jenseits gibt es keine Verurteilung. Aber es gibt die Sicht darauf, warum ihr diese Gebote nicht erfüllen konntet oder wolltet. Und dann gibt es ein Fazit daraus, ob ihr in der Lage seid, sein wollt, sein werdet, diesen Punkt, den ihr als fehlerhaft erkannt habt, als mangelhaft erkannt habt, in einer anderen Inkarnation auszugleichen.

Nehmen wir einmal den Punkt der Habgier: Gehen wir davon aus, Habgier basiert auf Angst. Angst, nicht zu überleben, nicht genug zu haben, nicht anerkannt, nicht geliebt zu werden.

Kann es ausreichen, nur zu erkennen, dass Habgier böse ist? Das kann es nicht, sondern die Seele wird aufgefordert, zu lernen, dass sie diese Ängste nicht braucht.

Könnt ihr euch vorstellen, wie lange es dauert, bis eine Seele sich von einer solchen fundamentalen Angst löst? Wie viele unterschiedliche Aspekte sie leben muss, jenseitig wie diesseitig, um eine solche Angst endgültig zu lassen? Dies ist ein weiter Weg.

Die 10 Gebote wurden damals Menschen gegeben, die in Bildung und Gemüt einfach waren, in einfachen sozialen Strukturen lebten. Ihr wachst in eine andere Bewusstseinszeit und diesem Wachstum genügen Gebote und Verbote nicht mehr. Hier muss es zu einer Verinnerlichung kommen, die ihre Wertung von Böse und Gut sehr viel breiter fächert.

Es reicht nicht mehr für diese Menschheit, Schwarz und Weiß zu denken, sondern es bedarf der Tatsache, zu verstehen, dass ihr so, wie ihr angelegt seid, alle Anteile in euch habt.

Und dass ihr sehr wohl freiwillige Entscheidungen trefft, aber auch Handelnde seid, die Gesetzen unterworfen sind in einer materiellen Welt, die wir nicht zu verändern vermögen.

Es geht hier auch darum, Zusammenhänge zu erkennen. So kann das Gute nicht begriffen werden, ohne den Wert des Schlechten erlitten zu haben. Ihr könnt die Wahrheit nicht erfassen, ohne sie erlebt zu haben.

Ich sagte euch in eurem letzten Diktat, dass es in der Inkarnation darum geht, zu erleben, sich zu erleben. Das beinhaltet auch, seine eigenen Schatten zu erleben und aus diesem Erleben heraus willentlich darauf zu verzichten.

Nicht weil es euch gepredigt wird, nicht, weil ihr so erzogen seid. Nicht weil es eurer Einsicht entspricht, sondern weil es euer ICH ist, was diesen Schatten ablegt.

2.Kapitel
Beitrag 158
Elia
Die Bibel ist wunderbar.

Zu Gast ist Gerda.

Gerda: Ich habe noch eine Frage, weil du vorhin von Jesus erzählt hast. Da schlummert ja viel wissen, was in der Bibel steht, ich würde das auch gerne lesen, aber ich kann eine Bibel nicht einmal anfassen. Woran liegt das?

Elia: Das hat karmische Gründe, und zwar sehr heftige. Wenn du es möchtest, könnt ihr das auflösen.

Darf noch etwas zur Bibel sagen?

G: ja, sehr gerne ...

E: Sie ist wunderbar! Aber sie ist auch verdreht, gefälscht, beeinflusst, verändert, man muss sie mit Weisheit lesen.

Und die Weisheit, dass bedeutet, lies sie mit dem Herzen!

Du wirst feststellen, dass sich Passagen widersprechen.

Du wirst feststellen, dass Dinge dir völlig absurd erscheinen.

Es ist ein Buch, das Jahrtausende alt ist mit ebensolchen Werten.

Dennoch bleibt die Weisheit Weisheit.

Lies dieses Buch mit dem Herzen!

Es ist eine gute Übung, denn du wirst etwas über mein geliebtes Resonanzprinzip verstehen.

Das, was in deinem Herzen nachklingt, das ist das Original, ja?

G: ja, danke für den Hinweis.

E: Lies nicht nur die Bibel, sondern lies auch die Bhagavadgita und – wenn du es vermagst – lies auch den Koran, lies die Weisheiten der Welt.

Lies das das große Tao, der Menschheit sind auf unterschiedliche Art und Weise in verschiedensten Kulturen große Weisheiten gegeben!

Man muss sie mit dem Verstand lesen und mit dem Herzen, beides.

Man muss die Wahrheit, die dort steht, untersuchen, einen Satz greifen und dann die Welt betrachten: Ist es so?

Und so wirst du weiser und weiser.

Diese Bücher sind voller Liebe, sie sind nie – niemals – gedacht worden, um den Menschen zu knechten! Sondern, um ihnen die Angst zu nehmen. Sondern, um ihnen zu zeigen, dass sie wunderbar sind, die Werke Gottes, zu denen jeder Mensch gehört.

Die Gebote in diesen Büchern sind nie geschrieben worden, damit Menschen unter ihnen leiden! Sondern sie sind geschrieben worden, damit Menschen eine Richtschnur bekommen, nach der sie sich orientieren können.

Ich mag das Wort Gebote nicht, ich liebe das Wort Empfehlung.

Du stehst am Anfang deiner Entwicklung eines faszinierenden Lebens, es wird nicht mehr langweilig, Gerda.

Aber eines lass mich zum Schluss sagen: Du magst viel Wissen sammeln und Weisheit, du magst den Sinn des Lebens ergründen und du magst Tiefen des menschlichen Seins betrachten.

Und all das wird dich klug machen.

Aber alles das ist gar nichts ohne dein mitmenschliches Mitgefühl.

Diesen Schatz, den hast du erworben in vielen Leben, niemand nimmt ihn dir, außer deine Angst.

Und nun geh und lerne und liebe.

3.Kapitel
Beitrag 762
Elia
Das erste Gebot Mose: Ich bin der Herr, dein Gott.
Du sollst nicht andere Götter haben neben mir.

Du sollst dir kein Bildnis noch irgendein Gleichnis machen.

Fragen und Antworten zum ersten Gebot

Hajo: Hattest du für dieses Kapitel eine bestimmte Bibelübersetzung vorgesehen?

E: Ich möchte gerne, dass ihr die übliche Übersetzung der Bibel nehmt, die in euren Konfessionen benutzt wird. Die übliche Bibel, ich möchte nicht die Bibelübersetzung neueren Datums benutzen, weil sie nicht zu eurem Allgemeingut gehören.

H: Zwischen der evangelischen und katholischen Ausgabe sind die Übersetzungen etwas unterschiedlich.

E: Die Unterschiede zwischen der katholischen und evangelischen Bibel sind derart spitzfindig, das spielt für uns keine Rolle. Aber da, wo wirklich strukturelle Veränderungen vorgenommen wurden, das möchte ich nicht benutzen.

Vorweg: Es sind natürlich im Laufe der Zeit Fälschungen vorgenommen worden. Aber ich bitte, zu bedenken: Jede Verfälschung war wiederum Planpunkt, unterschätzt das nicht.

Die Entwicklung der katholischen Kirche oder auch der orthodoxen oder der evangelischen gehören zum Planpunkt eurer Gesellschaften.

Das ist nicht ohne Grund geschehen, hat ja Breitenwirkung gehabt, ist somit Planpunkt für sehr viele. Ich werde hier nicht eingreifen, ausdrücklich nicht, ich werde keine Korrektur vornehmen. Ich werde auf keine Frage „Sag uns, wie es wirklich ist“ antworten.

Darum geht es auch nicht.

Mir geht es darum, dass ihr den tieferen Sinn dessen, was dort steht, begreift, ganz unabhängig von eurer Konfession. Sondern ich möchte, ob jemand Atheist ist oder Katholik oder der evangelischen Kirche angehört, dass er den Sinn begreift, was hinter dem steht, was dort vermittelt wird, in welchen Worten auch immer es erzählt wird.

Es geht um den roten Faden, ich möchte euch einfach nur einen vertieften Zugang zu diesen Dingen vermitteln. Das ist mein Anliegen.

Mein Anliegen ist es auf gar keinen Fall, eine neue Religion zu gründen in dem Sinne: Wir haben mehr recht, wir haben mehr Wahrheit. Wir haben alle keine Wahrheiten, wir sind alle nur im Teilbesitz der Wahrheit.

Mehr Wahrheit ertragen wir nicht. Das sollten wir uns bewusst machen. Das ertragen wir nicht und ich schließe mich ein.

Denn auch ich - und das erwähnte ich schon in meinem Buch - bin noch nicht in der vollständigen, absoluten Wahrheit. Das ist eine Entwicklung, die so unermesslich groß ist, dass ich es nicht kann und gleichzeitig euer Lehrer sein kann. Darum geht es nicht.

Mir geht es darum, euch eine Möglichkeit zu bieten, euch in der Rückbindung zu Gott – und das ist Religion – geborgen und sicher zu fühlen.

Das zum Eingang, nun die Fragen.

H: Was genau ist darunter zu verstehen: Mach dir kein Bildnis von Gott.

Ihr Lieben, jede Erklärung, jede Definition Gottes ist schon ein Bild. Selbst wenn ihr sagt, Gott ist eine Energie, dann habt ihr schon ein Bild. Ihr habt das Bild einfach.

Energie ist für euch zum Beispiel „Strom“ oder „Wärme“, schon habt ihr ein Bild. Wenn ihr sagt „Gott ist Liebe“, dann habt ihr ein Bild.

Ich will euch das am Gegenteil deutlich machen: Wenn „Gott Liebe ist“, ist Hass etwas, mit dem Gott nichts zu tun hat.

Das stimmt so nicht! Gott ist so groß, dass er auch in sich die Potenziale für Hass hat. Der Hass ist etwas, womit auch Gott umgeht.

Wenn ihr sagt „Gott ist Energie“, dann wäre Energielosigkeit etwas, was mit Gott nichts zu tun hat.

Das stimmt nicht: Selbst dort, wo es keine Energie gibt, ist Gott er Ursprung dafür, Gott ist alles in allem.

Es ist sehr schwer für euch, zu verstehen. Denn ihr seid in einer Welt, die geprägt ist von Gegensätzen: Es gibt Gut und Böse, es gibt Schwarz und Weiß, es gibt Heiß und Kalt, es gibt Voll und Leer.

UND! Gott lebt im UND.

Aber euer Denken ist: Es gibt Gut oder Böse, es gibt Schwarz oder Weiß, es gibt Heiß oder Kalt. Das ist die Welt, das ODER.

Aber Gott ist alles in allem. Und so kann kein einziges Bild, keine einzige Definition ihm gerecht werden, das ist unmöglich.

Nun ist dieses erste Gebot, wie alle anderen auch, nicht als Befehl zu verstehen. Sondern es ist als ein Geschenk zu verstehen wie alle anderen Gebote.

Ein Geschenk, um einfacher, leichter müheloser mit sich ins Reine zu kommen. Wenn ich mir Gott nicht mehr vorgefasst vorstelle, wenn ich keine Erwartungen habe und nur weiß, dass es Gott gibt, dann kann ich dem Göttlichen in meinem Leben ganz offen begegnen.

Dann brauche nämlich nichts auszusondern, weil es kein ODER mehr gibt. Dann begegne ich Gott in allem, über allem, wo ich bin, begegnet mir Gott. In allem, was ich erlebe, begegne ich Gott.

Das befreit sehr und das schafft eine ganz andere Lebenseinstellung, als wenn wir sie haben, wenn wir Gott in ein ganz enges Vorstellungsbild führen wollen.

In diesem Sinne: Macht euch kein Bildnis. Sondern nehmt es als Wahrheit an, dass er alles in allem ist.

H: Was ist damit gemeint: Du sollst keine Götter neben mir haben?

E: Das ist zum gleichen Inhalt nur eine andere Variante. Historisch gesehen traf es in eine Gesellschaft, in dem es sehr viele Gottheiten gab.

Und es gibt natürlich den historischen Aspekt in den 10 Geboten: Dass sie die Grundgesetze eines Volkes sind, die als Nomadenvolk durch eine Welt zogen, in der es sehr wichtig war, sich als Einheit, ein Volk zu begreifen. Das aber nur am Rande.

Für euch ist es viel wichtiger, zu verstehen, dass es zum ersten Satz dazugehört: „Du sollst dir kein Bildnis machen". Das beinhaltet auch „Du sollst mich nicht aufspalten".

Also keine fremden Götter haben, mich nicht in viele Bilder einzwängen. Ich bin in allem und nicht in vielem. Ich bin die Vielzahl, ich bin in allem.

Aber ich darf ihn nicht einbinden auf ein ganz Bestimmtes und ihn dann Gott nennen, das geht nicht. In bin in allem, mach dir kein Bildnis, nimm keine Fremden dazu.

Wenn ich an Gott, den Einen, den Einzigen glaube und mir dann aber einen Gott schaffe, der ist zuständig für die Frauen und eine anderer ist zuständig für die Felder und der Nächste ist zuständig für die Jagd, so habe ich mir ganz viele Bilder für den einen Einzigen gemacht.

Das soll so nicht sein. Gott ist Alles in Einem.

H: Da sind die Heiligen der katholischen Kirche, die für irgendetwas zuständig sind - St. Florian für Feuer und andere. Schaffe ich dann nicht Götter?

E: Nein, denn wir haben hier etwas anderes: Die Heiligen der katholischen Kirche sind im Bewusstsein der Menschen Menschen gewesen, die gestorben sind.

Sie sind im Gegensatz zu anderen Gottheiten von Anfang an Menschen gewesen und als solche haben sie in ihrem Leben und in ihrem Wirken einen bestimmten Aspekt der menschlich göttlichen Entwicklung - der Entwicklung des Menschen zu seinem wahren Selbst hin - dargestellt.

Wenn Katholiken zu ihren Heiligen beten, dann bitten sie diese, in ihrem Zuständigkeitsbereich Fürbitte zu leisten an Gott hin.

Es ist nicht der Heilige, der die Gebete erhört, sondern der es weiterträgt zu Gott hin. Der Heilige mag zuständig sein durch seine Art, wie er seiner Seelenfamilie angehört, für bestimmte Bereiche: St. Florian fürs Feuer und der St. Christophorus fürs Reisen, ganz unterschiedlich.

Und es wendet sich der Gläubige an den seligen, heiligen Verstorbenen, der sich in seinem „so Sein" so weit vervollkommnet hat, damit er für ihn ein gutes Wort bei Gott einlege.

Jetzt mögt ihr euch darüber streiten, ob das sinnvoll ist oder nicht. Wer will das beurteilen? Für den Gläubigen, der es mit glaubendem Herzen tut, ist es sinnvoll. Es ist doch seine Imagination, dass es sinnvoll ist. Es geschieht, was ihr glaubt. Darüber sprach ich schon.

Und für den verstorbenen Heiligen? Nun, ich kenn nicht einen, der nicht mit Freude und Begeisterung weiterhin Gutes wirken möchte, viele tun das. Es ist ja ihr innerstes Selbst, dass dieses tun wollte zu

Lebzeiten und erst recht jetzt. Das tun sie gerne und geben die Energie eurer Gebete weiter an das große, wundervolle Netz, die Zusammengehörigkeit aller Seelen.

Es ist keine Abgötterei, es ist ein kleiner Umweg, der es aber den Gläubigen, die das tun, einfacher macht, es ihnen leichter macht, darauf zu hoffen, dass ihr Gebet auf Verständnis stößt.

Denn - und das ist die Idee, die dahinter steckt – es gibt viele Menschen, denen scheint Gott so unermesslich groß und so über allen Dingen zu stehen, dass sie meinen, jemanden dazwischenschalten zu müssen, der ihre Fürbitte weiterleitet.

Sie halten sich selbst für zu gering und ihre Anliegen zu unbedeutend, um sich damit direkt an Gott zu wenden. Täten sie es und könnten sie glauben, dass Gott nicht nur unermesslich groß ist, sondern auch unermesslich klein, dann würden erfahren, dass ihre Gebete immer an die richtige Stelle kommen und ernst genommen werden und wichtig genommen werden.

Gleichwohl sind tatsächlich im Jenseits viele, viele Seelen beschäftigt, eure Bitten und Gebete zu verwandeln in Realität.

Welchen Weg ihr da auch gehen mögt, geht den, der sich für euch wahr anfühlt, dann ist er auch wahr. Ich möchte nicht, dass ihr einander wegen einer solchen Kleinigkeit verachtet, es ist nämlich eine Kleinigkeit.

Gott ist in Allem, er ist auch in allen Heiligen, zu denen ihr betet. Er ist in Allem erreichbar und er ist auch in dir.

Seid fröhlich in eurem Glauben, verachtet niemanden, der es anders macht. Der eine betet zu seinen Heiligen, der andere zu Jesus und wieder andere zu Gott.

Letztlich ist alles Eins.

H: Ist das nicht widersprechend dazu, dass man sich kein Bild machen soll, wenn es im ersten Satz heißt: Ich bin der Herr, dein Gott? Ist dieses Bild "der Herr" nicht schon ein Bild?

E: Ja, das ist schon ein Widerspruch. Und er ist so, dass er wirklich historisch zu sehen ist. Ihr könnt mit dem Begriff „Herr“ wenig Gutes anfangen. Aber zu damaliger Zeit war ein Herr verantwortlich für die Gefolgschaft, er trug die volle Verantwortung.

Die Verantwortung, dass sie Unterkunft bekamen. Die Verantwortung, dass sie Nahrung und Kleidung bekommen. Er war für ihr ganzes so Sein verantwortlich.

In diesem Sinne ist Gott immer noch Herr. Denn es gibt Dinge, für die nur er verantwortlich ist in eurem Leben, in eurem Zusammenleben. Diese Verantwortung trägt er weiterhin. Denn er ist die Ursache von Allem, was es gibt, von Allem, was passiert.

Und er ist das Ziel, zu dem Alles sich hinbewegt.

In diesem Sinn ist er Herr. Er ist die Ursache, dass alles ist, was ist. Und er ist das Ziel, zu dem hin alles, was existiert, sich bewegt. Er ist der Sinne allen Lebens. In diesem Sinne ist er Herr.

H: Sind die Bildnisse und Gleichnisse in der Bibel aus dem gleichen Grunde da wie der erste Satz: „Ich bin der Herr, dein Gott“?

E: Natürlich, aber auch ihr habt in eurer Zeit Bildnisse und Gleichnisse, ihr habt überhaupt keinen Zugang zu diesen Themen, ohne Bildnisse und Gleichnisse zu verwenden.

Auch ich benutze Bildnisse und Gleichnisse. Das hat mit der Funktion der Sprache zu tun und mit dem Gehirn zu tun.

Ihr könnt nur so Dinge vermitteln, wenn ihr diese Erschwernis nicht hättet, wie wir sie nicht haben. Dann könnte man euch Wahrheiten vermitteln, ohne auf Worte zurückgreifen zu müssen und ohne Beispiele verwenden zu müssen.

Hinter jedem Gleichnis, hinter jedem Bild steht der Versuch, eine Wahrheit zu vermitteln, die ohne Namen ist. Nicht umsonst hat Gott keinen Namen oder ist der Name, den er hat, kein Name.

Gott ist ...

Das ist kein Name. Alle Versuche sind mehr oder weniger geglückt, sind verbunden mit den sozialen Umständen, in denen ihr lebt. Es wird versucht von euren Geistlichen, euch immer wieder neue Zugänge zu schaffen, um Wahrheiten aufzunehmen, die im Grunde außerhalb jeder Sprache liegen.

Gleichwohl kann man Gott auch in der Sprache begegnen.

Aber ihr müsst euch darüber im Klaren sein, das ist ganz wichtig: Eure Sprache ist eine mehr oder weniger stabile Brücke, um euch nicht ganz ohne Verbindung zum Ursprung eures Seins zu lassen, ein mühseliger Versuch, euch Wahrheiten bewusst sein zu lassen, die außerhalb de sprachlichen Möglichkeiten liegen und die weit außerhalb eurer Aufnahmefähigkeit liegen.

Gott kann man nicht beschreiben. Aber ihr könnt ihn erfahren!

Das Problem ist, dass ihr die Erfahrung, die ihr macht, in nichts, wirklich nichts einordnen könnt, was ihr kennt. Jede Möglichkeit ist eine Eingrenzung dessen, was Wahrheit ist. Seine Wahrheit ist viel größer, viel umfassender als alles, was ihr euch vorstellen könnt.

Das, was ihr euch vorstellen könnt, das ist begrenzt durch das, was ihr kennt. Und wenn ihr bedenkt, dass eure Welt nur eine von vielen, vielen Möglichkeiten ist, wenn ihr bedenkt, das alles, was existiert und darum auch in Worte bekleidet werden kann, nur einen winzigen Bruchteil dessen ausmacht, was tatsächlich existiert, dann merkt ihr schon, wie begrenzt die Möglichkeit ist.

Doch darüber wollen wir nicht klagen, sondern hinnehmen, wie es ist: Alle Erklärung über Gott ist Stückwerk.

H: In welcher Form sind wir ein Bild Gottes? Ich weiß, das hat jetzt nicht so viel mit dem ersten Gebot zu tun.

E: Nein, und ich möchte das auch nicht beantworten jetzt hier in diesem Rahmen.

H: Wie können wir heute zeitnah den ersten Satz des ersten Gebotes unseren Kindern übersetzen, die ja keine Herren mehr kennen? Ist da dann wieder ein Vergleich mit der Historik möglich?

E: Ich denke, ihr müsst hier unterscheiden zwischen euch und euren Kindern. Ihr könnt den Kindern nicht so mit Mystik kommen, denen müsst ihr mit Bildern kommen. Was liegt da näher, als jenen Begriff zu wählen, den Jesus selber wählte: Vater.

Ein Vater ist selber Herr, ein Vater ist Ursprung des Lebens.

Ihr könntet auch Mutter sagen, aber damit würde es dem Kind nur unnötig schwer gemacht, sich zu integrieren in seine soziale Struktur.

Bleibt beim Vater, es ist der Ursprung alle dessen, was ist. Sagt dem Kinde, es gibt den Vater aller Dinge, aus ihm ist alles entstanden.

Und die Menschen sagen zu ihm Gott oder sie sagen zu ihm Vater und er hat alles, was ist, erschaffen. Das können sie verstehen, damit können sie umgehen und später ihrem Alter entsprechend weiter entwickeln.

Damit sagt ihr weder die Unwahrheit noch zwingt ihr ihnen ein Bild auf, an dem sie später vielleicht zerbrechen müssen.

Er ist der Ursprung aller Dinge, die es gibt. Von ihm aus ist alles geschehen, er hat alles geschaffen, was es gibt. Das schließt natürlich auch Dinge ein, dass er Dinge geschaffen hat, die die Kinder vielleicht böse finden, eine Schlange zum Beispiel.

Das ist gerade ein sehr gutes Beispiel. Die meisten Kinder fürchten sich vor Schlangen, sie finden sie sehr gefährlich. Das sind sie ja zweifellos auch. Aber die Schlange ist eben auch dazu da, eine wichtige Medizin zu geben. Und sie ist auch dazu da, Ungeziefer in Schach zu halten. Damit habt ihr schon sehr schön erklärt, warum Gott alles in allem ist.

H: Ja, ich glaube dann haben wir alles.

E: Ich möchte abschließend sagen: Dieses ist das christliche Verständnis Gottes und es ist eines vieler Verständnisse. Nehmt es so, wie es ist: als Teilaspekt vieler möglicher Wege, zu sich zu finden.

Jede Religion hat einen anderen Zugang und jede Religion ist Teil eures Lebensplanes. Ob ihr euch daran reibt oder damit wohlfühlt, es ist Teil eures Lebensplanes.

Ihr habt es euch ausgesucht, ob ihr als Moslem, als Hindu oder als Christ geboren werdet. Und damit habt ihr eine bestimmte Prägung, was eure Religion angeht. Selbst wenn sie dazu führt, dass ihr sie ablehnt, es ist eine Prägung eures Lebensweges.

Ich werde keiner Religion sagen, keiner, sie sei die einzig Wahre. Denn für die Menschen, die in ihr Leben, ist es die Wahrheit, ihre Wahrheit! Und das gilt es, zu respektieren.

Aber euch, liebe Christen, ihr seid sehr nah an der wunderbarsten aller möglichen Religionen. Ihr seid sehr nahe an der erlösendsten Rückverbindung zu Gott hin, die zurzeit auf Erden möglich ist.

Wie wunderbar sie ist dank jenes Jesus, das werdet ihr vielleicht erst verstehen, wenn ich mit diesem Diktat fertig bin.

Ich wünsche euch, wie wir alle Jenseitigen hier, Freude in eurer Religion. Ich wünsche euch, dass sie euch über die Gefahren und Abgründe eures Lebens trägt, denn dafür ist sie da.

Religion ist die Rückverbindung zum eigenen Ursprung und ihr seid dem sehr nah.

In diesem Sinn: Lobet Gott!

4.Kapitel
Beitrag 237
Elia
Das zweite Gebot Mose: Ich bin dein Herr, dein Gott, du sollst keine anderen Götter haben neben mir. Ich bin ein eifersüchtiger Gott.

Fragen und Antworten zum zweiten Gebot

Hajo: Fahren wir fort mit dem zweiten Gebot: Flößt der Text des zweiten Gebotes nicht Angst ein im Hinblick auf eine Bestrafung durch Gott?

Elia: Ich bin dein Herr, dein Gott, du sollst keine anderen Götter haben neben mir. Ich bin ein eifersüchtiger Gott.

Ja, das flößt Angst ein. Und hier haben wir etwas, was im Widerspruch steht zum ersten Gebot. Hier wird ein Bild entworfen. Hier wird ein Bild entworfen, um eine religiöse Gemeinschaft zu gründen.

Ein Volk, das keine Wurzeln mehr hat, ein Volk, das keine Traditionen mehr hat, nur noch letzte Reste einer angeblichen Gemeinschaft.

So ein Volk muss sich als Einheit empfinden. Und es kommt dazu, dass es eine Norm braucht. Das, was im ersten Gebot gesagt wird, das ist die völlige Entgrenzung Gottes: Gott hat keine Grenzen, er ist nicht zu fassen, er ist nicht einzuordnen, er ist nicht zu manipulieren. Das bekommt jetzt im zweiten Gebot eine feste Form.

Siehe, so ist Gott: einzig, allmächtig, furchtbar in seinem Zorn. Das ist starker Tobak.

Dieser Gott ist etwas völlig Neues in der Entwicklung der Menschheit. Um dieses Volk, das da neu entsteht, zusammenzuhalten, braucht es eine solche Norm.

Es ist nicht Gott, der diese Norm braucht. Gott braucht keinen Zorn auf Teile seines Selbstes. Gott braucht keine Drohung, sondern es geschieht, was er ohnehin geplant hat.

Es ist nicht Gott, der das zweite Gebot braucht, sondern es sind die Menschen, die nicht fähig sind, den grenzenlosen Gott des ersten Gebotes auszuhalten. Das Volk braucht es, nicht Gott.

Und alle weiteren Gebote sind aus der Notwendigkeit entstanden, Menschen eine sichere Norm zu geben. Norm bedeutet nämlich Sicherheit, bedeutet etwas entgegen fundamentalen Ängsten zu haben. Eine feste Norm zu haben, das bedeutet Schutz gegen unwillkürliche Ereignisse, gegen Triebe, gegen das Niedere, gegen das Egoistische.

Nicht Gott braucht die Zehn Gebote, sondern die Menschen brauchen sie, in jener Entwicklungsstufe damals noch viel eindeutiger, als ihr es heute braucht.

Der strafende Gott, wie oft wurde er missbraucht. Wie oft wurde er missdeutet. Aber für diese Entwicklungsphase der Menschheit, für diese Entwicklungsphase jenes Volkes, das wie kein anderes die Weltgeschichte prägen würde, war es sehr wichtig, dass sie Gottes Macht vorgeführt bekamen, sie hätten nichts anderes anerkannt. Sie mussten seine Macht spüren, um sich sicher zu fühlen bei diesem Gott. Das müsst ihr verstehen.

Damit verwerfe ich das erste Gebot nicht. Es gibt immer noch sehr viele Völker, die den Machtbeweis Gottes sehr dringend brauchen.

Und es gibt immer noch sehr viele Menschen, auch in eurer Gesellschaft, die nichts so bitterlich einklagen wie den Machtbeweis Gottes.

Und ironischerweise suchen sie den Machtbeweis nicht in seiner Liebe zu allem, sondern in seiner Rache auf einige. Nichts wird so inbrünstig herbeigerufen und herbeigesehnt wie Gottes gerechte Strafe.

Aber vergesst nicht: Ihr selbst seid ein Teil Gottes. Und ihr selbst habt die Aufgabe, gerecht zu sein. Dies sind die Gesetze für eine materielle Welt.

Das erste Gebot ist das Universalgesetz. Jesus bezieht sich nur auf das erste Gebot, als er seine eigenen Gebote nennt. Und dies nicht ohne Grund. Hast du noch Fragen dazu?

H: Was ist davon dann zu halten, wenn Staatsdiener und Politiker vereidigt werden mit dem Zusatz: „So wahr mir Gott helfe …“

E: Worum geht es denn dem Fragenden: ob es ihnen Ernst ist, diesen Politikern?

Manchen ist es ernst? Die meisten nicht. Hier wird Gott benutzt, um die eigene Aufrichtigkeit des Willens zu bekräftigen. Schaut her, ich meine es sehr Ernst, ich bin ehrlich mit meinem Wunsch, diesem Volk zu dienen.

Das Gleiche gilt vor Gericht, wenn ein Eid gesprochen wird mit einer religiösen Formel: So wahr mit Gott helfe, sage ich die Wahrheit.

Hier wird so getan, als könne man Gott als Bürgen für ihn einsetzen, als besten Bürgen, den man haben kann, aber so geht es nicht.

Wahrheit und Wahrhaftigkeit muss jeder Mensch aus seinen Taten beweisen. Da hilft es ihm wenig, sich auf Gott zu berufen, wenn weder sein Handeln noch Denken noch Fühlen sich innerhalb der göttlichen Liebe bewegt. Hier sind wir dem Missbrauch von Gottes Namen ganz nah.

Aber nicht immer. Denn es gibt auch Menschen, denen ist es sehr Ernst damit, denn sie erkennen etwas sehr Wichtiges: die Grenzen ihrer Verantwortlichkeit und Möglichkeit.

Man kann sich das Beste vornehmen, man kann edelster Gesinnung sein und dennoch wider Gottes Liebe handeln. Um in Gott zu bleiben, braucht es auch Gottes!

Es geht nicht anders, ein Teil dessen, was wir tun und bewirken, liegt auch bei ihm, liegt in ihm.

Es gibt einige weise Menschen, die sich darüber im Klaren sind und froh sind, für die es eine Entlastung ist, sich in einer solchen Situation darauf berufen zu dürfen, dass ihre Möglichkeit, Macht und Verantwortung dort eine natürliche Grenze hat, wo Gottes Macht und Verantwortung beginnen.

5.Kapitel

Beitrag 239
Elia
Das dritte Gebot Mose: Du sollst den Feiertag heiligen.
Fragen und Antworten zum dritten Gebot

Hajo: Wie ist dieses dritte Gebot zeitgemäß zu interpretieren, was ist ein Feiertag, wie soll man einen Feiertag heiligen?

Elia: Auch dieses ist zweischneidig: Es ist zum einen Gebot für ein neu gegründetes Volk, eine Tradition wird hier geschaffen, eine Tradition, unter der sich dieses Volk vereint. Das hat ihnen gefehlt, das haben sie nicht gehabt.

Es gab sehr viele unterschiedliche Feiertage in der ägyptischen Welt. Je nachdem, in welcher Provinz jemand lebte, so feierte man mal diesen oder jenen Tag als Feiertag. Oder es gab auch Unterschiede, welcher Zunft man angehörte.

Das alles sammelte sich in diesem Volk, was da unterwegs war. Und es war nötig, dass sie Traditionen entwickelten - möglichst schnell entwickelten - die sie miteinander teilen könnten.

Das ist der eine Aspekt.

Der andere ist ein sehr menschlicher Aspekt, der mit eurer Biologie zu tun hat: Ihr habt einen Rhythmus wie jedes lebende Wesen. Ihr habt ein Anschwellen und Abflachen eurer Energie, ein ganz natürliches auf und nieder, Ebbe und Flut, viel und wenig, ein Pendeln.

So ist es - und es tut euch gut - wenn ihr einen Rhythmus habt zwischen Arbeit und einer Zeit ohne Arbeit, zwischen Belastung und nicht belastet sein, zwischen Anspannung und Entspannung, zwischen viele Eindrücke sammeln und gar keine.

Fülle und Leere sollen sich abwechseln in eurem Leben.

Es ist entspricht leider nicht der menschlichen Natur, dass dies von selbst geschieht. Wer einmal angefangen hat, damit zu bummeln und zu sagen: „Ich nehme meinen freien Tag, wann ich es für richtig halte“, der wird je nach Temperament nur noch freie Tage haben oder nur noch volle.

Ihr braucht einen Rhythmus, das tut euch sehr gut, das fördert euch in eurer Entwicklung.

Und wenn alle Menschen am gleichen Tag einen freien Tag haben - dass heißt einen Tag ohne Fülle, ohne Anspannung - dann schafft das eine Verbundenheit. Und es schafft überhaupt erst die Möglichkeit, dass alle Menschen an diesem Tag freihaben können.

Alle haben frei, niemand ist gezwungen, sich in Anspannung zu begeben. Ich nehme natürlich jene aus, die in Bereichen arbeiten müssen, für die es niemals einen solchen Tag geben kann, also alle im Gesundheitswesen oder dergleichen.

Aber grundsätzlich ist es gut für eine Bevölkerung, wenn sie gemeinsame freie Tage haben. Auch das tut euch als menschliches Wesen gut.

Und - um es nicht dabei zu belassen - es ist euch auch sehr gut, wenn ihr einen bestimmten Tag für eure spirituelle Entwicklung absondert von den anderen Tagen, einen Tag besonders haltet, das ist ja auch das Wesen des Geheiligtseins.

Ich nehme etwas heraus und halte es heilig, halte es für besonders. Ein Tag in eurem Rhythmus sollte dafür dienen, dass ihr euch eurer spirituellen Wurzeln erinnert.

Das kann ganz unterschiedlich aussehen: Der eine mag geistige Literatur lesen, der andere mag sich in einem Gottesdienst Ideen und Inspirationen geben lassen. Und wieder eine anderer mag Gott suchen in der Natur oder in einem schönen Gespräch mit jemandem, der ihm nahe steht.

Aber ein Tag in eurem Rhythmus, regelmäßig und festgelegt, solltet ihr absondern für eure spirituelle Entwicklung. Auch das ist Rhythmus, der euch gut tut.

Nimmt man Menschen diesen festen Rahmen, diese Sicherheit, so neigen die weitaus meisten dazu, dieses zu vernachlässigen. Es gibt immer Pflichten, die noch wichtiger erscheinen. Es gibt immer Vergnügungen, die noch interessanter erscheinen. Das ist bedauerlich.

Regelmäßiger Unterricht in spirituellen Dingen, regelmäßige Begegnung mit eurem göttlichen Anteil tut euch sehr gut.

6.Kapitel
Beitrag 266
Elia
Das vierte Gebot Mose: Du sollst Vater und Mutter ehren, auf dass du lange lebst auf Erden.

Hajo: Was hat das vierte Gebot - das Ehren der Eltern - mit einem langen Leben der Kinder zu tun?

Elia: Ich möchte das aufgliedern: Erst einmal steht da nur, du sollst Vater und Mutter ehren. Das scheint doch sehr hart zu sein.

Wir alle wissen, es gibt schlimme Väter und schlimme Mütter, wie kann dort verlangt werden, dass man sie ehren soll?

Und dann auch noch verknüpft an ein Versprechen: Wenn du es tust, dann wirst du lange leben.

Wenn nicht, dann heißt das im Umkehrschluss, dann wirst du früh sterben?

Wieder ist es erst einmal eine Norm, an die sich dieses Völkchen halten muss. Und es ist eine Norm, wie es sie bis dahin nicht gegeben hat.

Hier geht es um den Schutz von Leben, das nur noch geringen Nutzen hat. Ein Neugeborenes hat auch keinen Nutzen für diese Gemeinschaft, aber es wird in diesen Nutzen hineinwachsen und darum geschützt werden. Es trägt zum Erhalt der Gattung bei und wird darum geschützt werden.

Aber ein alter Mensch, gebrechlich und siech, hat nicht nur keinen Nutzen für die Gemeinschaft, sondern er belastet sie auch. Und es war in jenen Zeiten durchaus üblich, dass solche alten Menschen getötet wurden. Es gab Völker, in denen das mit einem heiligen Ritus vollführt wurde.

Und hier steht im Gegenteil dazu zur landläufigen Ansicht über den Wert der alten Menschen: Ehre sie!

Das ist eine Belastung für dieses Volk, das da durch die Fremde zieht, das könnt ihr euch gar nicht vorstellen. Es sind die Alten und Siechen, die dieses Volk langsam machen, die kosten Ressourcen in jeder Weise, ohne einen Gegenwert zu erbringen und ohne eine Hoffnung, dass später einmal ein Gegenwert gegeben würde.

Und dennoch wird diesem Volk dieses Gebot gegeben. Und es wird an das Versprechen geknüpft: Dann wirst du auch alt werden können.

Darin steckt sehr viel Weisheit.

Wer Leben, das keinen Ertrag mehr für die Gemeinschaft bringt, vernichtet oder auch nur missachtet, der unterwirft sich selbst, sobald er in ähnliche Situationen kommt und alt wird, seinem eigenen Urteil: Dass sein Leben nun nicht mehr Wert wäre, zu leben. Und in der Tat wirkt sich das sehr lebensverkürzend aus.

Das braucht es oft gar nicht mehr eines mordenden Sohnes. Sondern da verabschieden sich Menschen ganz von selbst, sobald sie merken, dass sie ihre sozialen Aufgaben nicht mehr erfüllen können.

Und nun möchte ich zu dem Sinn dieses Gebotes in eurer Gesellschaft kommen: Schaut euch einmal die Menschen an, die an der Schwelle zum Alt werden stehen. Sie haben keinen erklärten Nutzen mehr für die Gesellschaft, in der sie leben. Das lässt sich verschmerzen, wenn es eine anonyme Gesellschaft ist.

Aber es fällt sehr schwer, das zu verschmerzen, wenn daran Mangel der eigenen Angehörigen verknüpft ist, wenn man zur Last wird. Viele, sehr viele eurer alternden Menschen erkranken keinesfalls, weil der Körper nicht mehr in der Lage wäre, sich zu regenerieren, sondern weil sie ihr Leben als unwert betrachten.

Leben ist nur solange von ehrbarem Wert, solange es Nutzen für andere bringt.

Das ist eine ganz fatale Ansicht!

Es ist eine Entwürdigende und es befreit jeden, wenn er sich dieser Ansicht nicht beugt. Sondern wenn er das aufgreift und erkennt, dass auch im Altsein Ehre liegt.

Des Weiteren, – und nun komme ich zur ganz persönlichen Definierung dieses Kapitels – wir alle, die wir ins Fleisch geboren werden, sind Vater und Mutter!

Wir vereinen beide in uns. Wir sind etwas sehr Neues, wir sind etwas sehr Individuelles, aber wir sind auch Vater und Mutter. Das ist gut, wenn wir das große Glück haben, Vater und Mutter zu haben, die offensichtlich aller Ehre wert sind. Damit lässt es sich gut erwachsen werden, gut weise werden und gut alt werden.

Denn dann ehre ich die Anteile meiner Eltern in mir.

Doch so ist das Leben selten. Häufig mögen wir diese Anteile nicht besonders gerne. Sie werden zu unseren Schatten. Sie werden zu das, was wir an uns wahrnehmen wollen, worüber wir uns erregen, wenn wir sie an anderen Menschen erkennen: Genau wie mein Vater. Genau wir meine Mutter ...

Und das ist nicht nett gemeint, sondern sehr negativ!

Aber was bedeutet das denn, wenn wir Anteile, Wesenszüge unserer Eltern zwar in uns spüren, aber anders damit umgehen als unsere Eltern? Das bedeutet, aus einer Schwäche eine Stärke zu machen, wenn zum Beispiel eine Mutter sehr aggressiv wird, die Tochter auch die gleiche Neigung hat und die Tendenz hat, ihren Zorn auszuleben, sich aber bemüht, andere Wege auszuprobieren, ihren Zorn auszuleben, als ihre Mutter das tat.

Wenn sie zum Beispiel niemals im Gegensatz zu ihrer Mutter ihre Kinder schlägt oder demütigt, dann bedeutet das nicht, dass sie diesen Zorn nicht hätte. Das bedeutet, dass sie in der Lage war, zu erkennen, dass es Unrecht ist, so damit umzugehen und so zum Meister ihrer Schwäche wird. Sie hat das bei ihrer Mutter gelernt, wie schlimm die Folgen ungezügelten Zornes sein können.

Das ist gut, dass sie es bei ihrer Mutter lernen konnte und nicht durch Reue über eigenes Verschulden lernen musste. Und so gesehen ist auch eine Mutter, die sehr zornig werden konnte, aller Ehre wert. Bedenkt das bitte.

Bedenkt, was ihr - jeder von euch - im Einzelnen über seine Schwächen gelernt hat, einfach aus dem Beispiel der Eltern, was sie dadurch gelernt haben.

Viele Seelen nehmen es auf sich, ein negativ bewertetes Leben zu leben, ihre Schwächen deutlich zu präsentieren, um uns zu zeigen, wie es ausgeht, wenn einer aus einer Schwäche keine Stärke macht.

Auch diese Eltern sind aller Ehre wert!

Und wenn ihr das tun könnt, dann müsst ihr euch vor euch selber nicht verheimlichen, dass ihr die gleichen Schwächen habt. Ihr könnt sie euch anschauen, ihr könnt sehen, wie ihr sie verwandelt habt. Und das wiederum trägt erheblich dazu bei, dass ihr in Frieden alt werden könnt.

Dann wollen wir jetzt Schluss machen, das reicht für heute. Ich denke, es ist Zeit jetzt. Ich möchte auch, dass das, was ich sage, wirkt.

Es hört sich freundlicher an, als es ist! Und so mancher wird sich daran reiben.

7.Kapitel
Beitrag 788, 2. Teil
Elia
Das fünfte Gebot Mose und die restlichen Gebote

Elia: guten Morgen, mein Freund. Wie schön, dass ihr wieder Zeit gefunden habt.

Hajo: Ja, das klappt gut mit der neuen Organisation.

Elia: Ich denke, dass so nach allen Seiten hin eine gewisse Ruhe einkehrt.

Ich möchte ganz kurz etwas erwähnen. Ihr habt soeben einen wunderschönen Sonnenaufgang erlebt und ich möchte euch zu den Farben etwas sagen:

Das leuchtende Rot – Orange ist der Anteil, den Utas Seele hat und das strahlende Türkis ist dein Seelenanteil.

So ist es kein Wunder, dass ihr beide den Sonnenaufgang und den Sonnenuntergang so sehr liebt.

Farben sind sichtbare Energieschwingungen und eure Energieschwingung entspricht diesen beiden Farben.

Ich schlage vor, dass ihr euch ein wenig mit der Symbolik dieser Farben auseinandersetzt, um etwas mehr über euch und eurem Ursprung zu erfahren.

Dort, wo euer Gesamtselbst ist, ist auch diese Farbe. Ihr leuchtet in diesen Farben, ihr strahlt damit nach außen, es ist unsere Art, euch in diesen Farben als Seele wahrzunehmen.

Also so ist es die Tiefste aller Wahrheiten. Aber das nur als kleines Geschenk für meine Freunde.

Dann möchte ich, dass wir mit den 10 Geboten fortfahren.

Hajo: Dann folgt das fünfte Gebot.

Da haben wir einige Fragen aus dem Forum: Ist Töten hier nicht mehr im Sinn von Morden gemeint?

Elia: Lass mich zuerst einen kleinen Einstieg nennen.

Die ist ein sehr schlichtes Gebot: vier Worte, keine Umgehung, kein Hintergrund, von einer unumgehbaren Ausschließlichkeit: Du sollst nicht töten.

Dieses sagte Gott zu einem sich gerade bildenden Volk, das gerade dabei war, sich wieder als eine Einheit zu finden. Und Moses sagt es zu einem Volk, das sich ausschließlich als Menschen sieht. Alle anderen Wesen, alle anderen Menschen aller anderen Völker galten nicht als menschlich.

Sie, nur sie waren das auserwählte Volk.

Daraus wird klar, warum schon kurze Zeit später bitterste Kriege geführt werden. Warum sogar mit List und Tücke andere Völker überfallen, getötet, ja sogar ermordet werden, und dies im Namen jenes Gottes, der hier so eindringlich und uneingeschränkt sagt: Du sollst nicht töten.

Wir müssen verstehen, dass es sich hier um ein Gebot handelt, das sich ausschließlich auf dieses eine Volk bezieht.

Gleichwohl ist dieses Gebot erhalten geblieben. Ihr müsst beachten, dass es über Jahrtausende erhalten blieb.

Hätte das Göttliche gewollt, dass dieses verloren geht, weil es ja aufgrund besonderer Umstände in einer besonderen Situation erlassen wurde, wäre es verloren gegangen, dessen könnt ihr sicher sein.

Die Frage ist also: Warum steht dieses Gebot so und nicht anders immer noch in den 10 Geboten verankert?

Ich will es euch sagen: Weil es der menschlichen Wesenheit entspricht, nicht zu töten. Das spirituelle Wesen des Menschen, sein Ursprung und seine Erfüllung sieht das Töten nicht vor. Töten ist in die Materie eingegossen. Hier - hier in der Materie - wird getötet, ja, muss getötet werden. Hier in der Materie wird Leben genommen, um Leben zu erhalten.

Der Tiger tötet das Reh, der große Fisch tötet den kleinen Fisch, der Mensch tötet das Tier.

All das ist Bedingung zum Lebenserhalt in dieser Welt. Aber das ändert nichts daran, dass eure Seele das Töten nicht liebt. Das ändert nichts daran, dass es eurem Wesenskern ein Gräuel ist, töten zu müssen.

Töten aus Hunger ist die eine Seite. Wer wollte es dem Eskimo absprechen, ein Walross zu töten, um zu überleben? Niemand.

Anders sieht es schon aus, wenn es sich darum handelt, Menschen zu töten. Ja, und doch ist die menschliche Geschichte voller Toten.

Vielfach ist die Möglichkeit, Menschen zu töten: Ihr tötet im Krieg, vielleicht aus edlen Motiven, vielleicht aus niederen. Vielleicht geht es nur darum, die Macht eines Herrschers weiterzuführen und ihr tötet deswegen den Gegner, der nicht einmal euer Gegner ist. Vielleicht aber auch muss der Soldat einen anderen Soldaten töten, um Kinder und Alte zu schützen.

Es ist zu wenig, mit vier Worten eine Antwort auf den tiefsten und menschlichsten Konflikt des einzelnen Menschen zu geben. Krieg ist nur eine Möglichkeit, andere Menschen zu töten.

Ich sagte, töten ist vielfältig. Es wird getötet durch Worte. Auch sie können einen Gegner so treffen, dass es ihn in den Tod treibt.

Dabei spreche ich nicht einmal von der deutlichsten Ausformung, dem Selbstmord. Sondern ich spreche davon, den anderen soweit zu treiben, dass er an seinem Lebenswert zweifelt. Es wird viel öfter mit Worten getötet als mit Waffen und Gift.

Und auch anders wird getötet, indem einige, wenige Menschen die Lebenskraft vieler Menschen ausbeuten, sie in Lebenssituationen leben lassen, die die Minimalanforderung an ein gesundes Leben nicht erfüllen, nur um daraus Profit zu schlagen.

Die Ausbeutung von Lebensressourcen ist auch töten! Es wird euch deutlich, wenn es zu Giftunfällen kommt oder zu Unglücksfällen in Atomkraftwerken.

Aber ich sage euch, das ist nicht einmal die Spitze des Eisbergs. In eurer Welt wird sehr viel gestorben, weil auf diese Weise getötet wird: Wasser wird verschmutzt, das Gefüge der Lüfte wird durcheinandergebracht, Strahlungen magnetischer Art beeinflussen den Organismus der Menschen, eure Nahrung ist nicht mehr rein, Eure Medikamente sind weniger zur Genesung denn zum Schaden eurer Körper geeignet ...

Vielfältig wird getötet.

Warum nun stehen diese wenigen Worte im Raum als Gebot? Weil es nach wie vor die Wahrheit eurer Seele ist, eurer Gesamtseele: dass euch aufgrund eures Wesen das Töten ein Gräuel ist.

Dieses Gebot beinhaltet auch ein Versprechen. Es ist ein Versprechen an die Seelen, die in der Materie leben: Dass es, weil sie sich weiter entwickeln, weil sie dazu geschaffen wurden, die Bedingungen der Materie zu überwinden, ihr Ziel ist, nie wieder töten zu müssen.

Wenn ich sage, dass es in Gottes Plan ist - mit euch und uns humanoiden Seelen - uns zu unserer Vollendung führen, aus freien Stücken will er, sollen wir uns hin entwickeln zu seiner Göttlichkeit, dann beinhaltet diese Entwicklung, dass wir uns mehr und mehr vom Zwang des Tötens lösen dürfen.

Es ist eine große Gnade, nicht mehr töten zu dürfen.

Ich hoffe, dass ich eure Fragen um diese Stelle der 10 Gebote weitgehend beantwortet habe.

Die 10 Gebote sind mehr als eine Auflistung sozialer Bedingungen an ein kleines Wüstenvolk. Die 10 Gebote werfen ein Licht auf das, was die humanoide Seele in ihrem Wesenskern ist und wohin eure Entwicklung verlaufen wird.

Ihr werdet jeder diese Entwicklung zur Göttlichkeit nehmen. Und auf diesem Wege werdet ihr die 10 Gebote nach und nach umsetzen, weil sie eure Wesensart spiegelt.

Das sechste Gebot.

Hier kommen wir zu einem Abschnitt, den wir zusammenfassen können:

Du sollst nicht ehebrechen ...

Du sollst nicht stehlen ...

Du sollst nicht begehren deines Nächsten Haus, Knecht, Magd, Vieh oder alles, was seins ist ...

Dieses sind Gebote, die ausschließlich dem inkarnierten Menschen gelten. Denn hier geht es in allen Dingen um Besitz haben wollen, der einem anderen gehört: Mir fehlt scheinbar etwas, was mein Nächster hat und ich eigne es mir an.

Mir fehlt etwas und er hat es. Hier geht es um Neid. Wir hier kennen keinen Neid. Nicht, weil wir besser wären als ihr. Wir kennen keinen Neid, weil wir keinen Besitz kennen. Und weil wir keinen Besitz kennen, haben wir auch keine Angst, etwas zu verlieren oder zu kurz kommen.

All diese Gebote basieren auf der Angst, nicht genug zum Leben zu haben. Diese Angst ist eine Angst, die es zu überwinden gilt für jede Gesamtseele. Sie ist der Ursprung der Trennung von Gott.

Könnt ihr euch vorstellen, ihr Lieben, dass euer Ziel - auch meines und das jeder humanoiden Seele - ist, dass ihr göttlich seid? Dass auch ihr Götter seid?

Könnt ihr euch dann vorstellen, wie es wäre, wenn in der Macht, die ihr dann habt, ihr der Ansicht wäret, zu wenig zu haben?

Weniger als eure Mitgötter?

Die Griechen haben in ihrer alten Kultur solch einen Pantheon gehabt, in denen Götter einander neideten. Auch die Germanen hatten einen solchen Götterhimmel, in denen Neid und die Angst, zu kurz zu kommen, als göttliche Eigenschaft angesehen wurde.

Aber das ist nicht so, das darf nicht so sein.

Wir alle werden erst dann zu unserer Göttlichkeit finden, wenn wir diesen Wahn überlebt haben.

Wenn wir freiwillig – ohne Zwang, sondern aufgrund unserer tiefsten Einsicht – zu der Wahrheit gefunden haben, dass wir stets und immer genau das haben und genau das sind, was für uns ausreichend und gut und richtig ist.

Wenn wir aufhören, uns zu vergleichen, wenn wir aufhören, uns davor zu fürchten, weniger zu haben als andere, dann haben wir unser Ziel erreicht.

Die Angst davor, zu wenig zu haben, sie zeigt viele Gesichter: Gier ist eines davon, Rücksichtslosigkeit ein anderes, Machthunger ist eines davon, Hochmut ist eines davon.

Ein Gott mit diesen Eigenschaften ist ein fürchterlicher Gott: Er wird gnadenlos, er wird grausam, er wird zum Satan.

Diese letzten Gebote beschäftigen sich damit. Und sie beinhalten einen Auftrag, der weit über das hinausgeht, was da erwähnt wird.

Du sollst nicht ehebrechen: Nun, was ist Ehebruch, was ist eine Ehe? Das geht davon aus, dass die Frau dem Mann gehört als Eigentum. Hier wird – wohlgemerkt – nur davon ausgegangen!

Wir kennen diese Ehe nicht: Liebe ist Liebe. Wo Liebe ist, da ist Verständnis, da ist Vertrauen, da ist keine Angst, zu kurz zu kommen.

Du sollst nicht stehlen: Wo Liebe ist, da ist keine Not, da gibt der, der mehr hat als der andere, dem Ärmeren von seinem Überfluss. Es besteht keine Notwendigkeit, zu nehmen, was nicht meins ist, weil es weder meins noch deins gibt, sondern unseres.

Du sollst nicht falsch Zeugnis reden: Weshalb tun wir das? Weshalb reden wir Falsches über andere Menschen?

Aus unserer tiefen Angst heraus, zu kurz zu kommen, aus unserer Wut heraus, dass wir weniger haben als sie.

Wo Liebe ist, ist kein Neid, sondern Freude darüber, dass der andere ist, wie er ist und Zutrauen darüber, dass er sich dorthin entwickelt, wo er eine vollendete Gottheit sein wird.

Alles diese Gebote, die hier im letzten Teil genannt sind, sind darum nötig in einer sozialen Struktur, weil es an Liebe mangelt. Und weil es an Liebe mangelt, regiert die Angst. Angst und Liebe, das kann nicht zusammen gelebt werden.

Viele von euch wissen, dass wir viele Inkarnationen erleben, und fragen sich vielleicht, welchen Sinn dieses haben mag.

Nun, es gibt nur einen Sinn: Es geht darum, die Angst zu überwinden und durch Liebe zu ersetzen, und dies aufgrund der inneren Wahrheit. Nichts ist so schwer wie dieses ...

Diese Gebote einzuhalten, das mag leicht sein, aber sie mit Sinn zu erfüllen und sie zu begreifen, worum es in ihrer Tiefe geht, und dann sich danach zu halten, das ist sehr schwer.

In uns ist große Angst. Angst, das ist Gottesferne. Nichts anderes hält uns von der Entwicklung unserer Göttlichkeit ab.

Angst, das ist der Sündenfall, nichts anderes!

So sind in den letzten Geboten alle Ängste zusammengefasst, unter denen wir leiden können: Die Angst, nicht geliebt zu werden, die Angst, nicht respektiert zu werden, die Angst, übersehen zu werden, die Angst, zu wenig zu haben, die Angst, ohne dass, was ich mir wünsche, zu vergehen ...

Alles das ist ein sich Klammern an das eigene ICH, ohne in Beziehung zum DU zu treten: Ich stehe im Mittelpunkt all meiner Bedürfnisse und die Welt ist dazu da, diese Bedürfnisse zu befriedigen. Und wenn sie es nicht tut, nehme ich mir das, was mir verwehrt wird ...

Das ist die Einstellung eines Kleinkindes. Das ist die Einstellung einer Seele, die sich lange gewehrt hat vor Angst. Aber mehr und mehr wachsen wir alle in die Überwindung dieser Einstellung.

Ich gehe nun nicht mehr auf die einzelnen Gebote ein. Denn es geht mir nicht um den Wortlaut. Mir geht es um den tiefen Sinn dessen, was hier genannt wird.

Und jeder mag sich im Leben – dort, er Entscheidungen zu treffen hat – fragen, aus welcher Motivation heraus er handelt: aus der Angst davor, zu kurz zu kommen oder aus der Liebe zum Leben, zum Nächsten und zu Gott selbst.

Richtet euch danach und ihr werdet ein erfülltes Leben haben.

Mangel werdet ihr haben in einigen Dingen, das mag sein. Aber ihr werdet nicht leiden, sondern Zuversicht haben, dass das Leben selbst für euch sorgt.

Liebe bedeutet Zuversicht haben ...

Liebe bedeutet Vertrauen haben ...

Liebe bedeutet, dankbar zu sein für das, was ist ...

Lebt darin, so gut ihr es vermögt, und ihr werdet sehen, wie viele eurer Ängste von euch abfallen.

Ich möchte hiermit meine Einführung dazu beenden und auf Fragen eingehen, wenn solche noch da sind oder kommen.

Wenn keine Fragen kommen, werden wir uns als Nächstes mit dem Gebot Jesu beschäftigen.

Es ist mir wichtig, dass wir zu dem Jesus-Gebot kommen: Du sollst Gott, deinen Vater lieben und deinen Nächsten wie dich selbst.

Hierin ist die Fortführung dessen zu sehen, was ich eben diktiert habe.

Das war's für heute und ich wünsche euch schöne, angstfreie Tage.

Hajo: danke, Elia, bis demnächst.

8.Kapitel
Beitrag 114
Elia

Die Bedeutung der zehn Gebote im Diesseits und in der Anderswelt

Die genetische Verbindung mit Vorfahren und Nachkommen

Hajo: Gibt es auch hilfreiche Verbindungen zu solchen Ahnen, die ihre genbedingten Aufgaben zu Lebzeiten nicht gelöst haben? Kann man diesen helfen, indem man seine Lebensaufgaben bewältigt oder können diese uns helfen oder auch schaden?

Elia: alles. Alles das, da gibt es kein entweder - oder, sondern ihr helft ihnen bei der - nicht "Bewältigung", sondern bei der - "Ausschöpfung" dessen, was sie erlebt haben, bei der Beurteilung dessen, wie sie gehandelt haben, warum sie so gehandelt haben, durch euer Leben und eurem Umgang mit dem gleichen genetischen Potenzial.

Aber sie helfen euch auch, gerade weil sie um die Tragweite jener Handlungen wissen, die aufgrund genetischer Potenziale vorgenommen werden.
Andererseits ist es auch so, dass hier eine gegenseitige Befruchtung stattfindet.

Also genau darum geht es ja: dass durch die Sicht auf Inkarnationen des gleichen Geno-Types ein anderer Beurteilungsstand dessen, was wir getan oder nicht getan haben, stattfindet.
Darum geht es ja überhaupt: die Verbindung zwischen Ahnen und Nachfahren.
Ich habe euch sehr oft davon gesprochen, dass ihr eure Inkarnation im Jenseits auswertet. Aufgrund welcher Basis wertet ihr da aus? Etwa allein auf der Basis, dass ihr jene Werte übernehmt, die ihr in eurem Leben erfahren habt, also durch Erziehung und Umwelt? Das wäre ja nicht ausreichend und würde euch nicht ein wenig weiterbringen.

Sondern es geht darum, dass eure Werte auch erweitert werden und da dies immer nur durch Verinnerlichung und Veranschaulichung und Erleben geschehen kann, werdet ihr eine sehr viel breitere Basis der Beurteilung benötigen. Und hierzu gehört das sich Verbinden mit den Nachfahren und mit den Vorfahren, die unter den gleichen genetischen Dispositionen gelebt haben.

Hierzu gehört natürlich auch der Austausch mit anderen Seelen, die in ähnlichen Situationen waren. Hierzu gehört auch das Spiel der Varianten, das heißt, die Seele ist in der Lage, sich Variationen einer

Gegebenheit zu vergegenwärtigen und diese gleichsinnig zu erleben mit anderen Ergebnissen.
Also, Beurteilung im Jenseits findet nicht so statt, wie sie hier stattfindet.

Ihr wisst beispielsweise, Stehlen ist verboten. Also ist euer Urteil über Diebstahl fest gefügt. Im Jenseits sieht die Beurteilung eines Diebstahls völlig anders aus.
Dort wird gesehen: Welche anderen Möglichkeiten gab es, was wären die Varianten? Wie sind andere zum Diebstahl gekommen? Wie haben andere auf Diebstahl reagiert? Wie gingen meine Vorfahren mit der Neigung, habgierig zu sein, um? Wie gehen meine Nachfahren mit der Neigung, habgierig zu sein, um?

Versteht ihr? Die Palette der Bewertungsmöglichkeiten ist sehr viel umfangreicher, als dies bei euch der Fall ist, und gehört als ganz wichtiges Element in die jenseitige Entwicklung. Ohne diese Möglichkeit wäre eine Auswertung einer Inkarnation, - die bitte nicht als Bewertung zu verstehen ist, sondern als Weg zu sich selbst, zu den eigenen Fähigkeiten – wäre diese Auswertung gar nicht möglich.
Habe ich das so hinreichend erklärt?

H: Ja, das hieße also auch, die 10 Gebote, die wir hier haben und die wir mal durch Moses bekommen haben sollen und die ja eigentlich in unserem christlichen Gebiet doch sehr befolgt werden, sind auch Richtlinien im Jenseits, oder?

E: Sie sind Richtlinien des sozialen Gefüges. Im Jenseits gibt es diese Bewertung in diesem Sinne nicht, denn die jenseitige Bewertung ist umfassender.

In den 10 Geboten habt ihr klare Sätze:

Du sollst nicht töten.

Du sollst nicht stehlen.

Du sollst nicht begehren ...

Ihr scheitert alle daran. Ihr scheitert in irgendeiner Weise an irgendeinem dieser Gebote. Das heißt nicht, dass diese Gebote nicht richtig wären, sie sind in der Tat richtig. Aber sie sprengen euren Rahmen der Möglichkeit.

Im Jenseits gibt es keine Verurteilung. Aber es gibt die Sicht darauf, warum ihr diese Gebote nicht erfüllen konntet oder wolltet.

Und dann gibt es ein Fazit daraus, ob ihr in der Lage seid, sein wollt, sein werdet, diesen Punkt, den ihr als fehlerhaft erkannt habt, als mangelhaft erkannt habt, in einer anderen Inkarnation auszugleichen.

Nehmen wir einmal den Punkt der Habgier: Gehen wir davon aus, Habgier basiert auf Angst. Angst, nicht zu überleben, nicht genug zu haben, nicht anerkannt, nicht geliebt zu werden.
Kann es ausreichen, nur zu erkennen, dass Habgier böse ist? Das kann es nicht, sondern die Seele wird aufgefordert zu lernen, dass sie diese Ängste nicht braucht!

Könnt ihr euch vorstellen, wie lange es dauert, bis eine Seele sich von einer solchen fundamentalen Angst löst? Wie viele unterschiedliche Aspekte sie leben muss, jenseitig wie diesseitig, um eine solche Angst endgültig zu lassen?
Dies ist ein weiter Weg.

Die 10 Gebote wurden Menschen gegeben, die in Bildung und Gemüt einfach waren, in einfachen sozialen Strukturen lebten. Ihr wachst in eine andere Bewusstseinszeit hinein und diesem Wachstum genügen Gebote und Verbote nicht mehr. Hier muss es zu einer Verinnerlichung kommen, die ihre Wertung von Böse und Gut sehr viel breiter fächert.

Es reicht nicht mehr für diese Menschheit, Schwarz und Weiß zu denken, sondern es bedarf der Tatsache, zu verstehen, dass ihr so, wie ihr angelegt seid, alle Anteile in euch habt.

Und dass ihr sehr wohl freiwillige Entscheidungen trefft, aber auch Handelnde seid, die Gesetzen unterworfen sind in einer materiellen Welt, die wir nicht zu verändern vermögen.
Es geht hier auch darum, Zusammenhänge zu erkennen. So kann das Gute nicht begriffen werden, ohne den Wert des Schlechten erlitten zu haben. Ihr könnt die Wahrheit nicht erfassen, ohne sie erlebt zu haben.

Ich sagte euch in eurem letzten Diktat, dass es in der Inkarnation darum geht, zu erleben, sich zu erleben. Das beinhaltet auch, seine eigenen Schatten zu erleben und aus diesem Erleben heraus willentlich darauf zu verzichten.

Nicht weil es euch gepredigt wird. Nicht weil ihr so erzogen seid. Nicht weil es eurer Einsicht entspricht. Sondern weil es eurer ICH ist, was diesen Schatten ablegt.

9. Kapitel
Beitrag 195
Elia
Was das Gebet Jesu „Vater unser, der du bist im Himmel ...“ uns sagen soll.

Liebe Freunde,
Ich sagte ja bereits, dass wir, nachdem wir uns die 10 Gebote angeschaut haben, über die Gebote Jesu sprechen.
Es sind nicht viele, die er hinterlassen hat, das ist sehr reduziert.

Und das aus gutem Grund, denn es war schon klar: Je mehr er sagt, umso mehr wird man es verfälschen.
Ich möchte zu allererst mit euch das „Vater unser“ besprechen, gerade jetzt, in dieser Zeit. Denn es hat in sich die wirklich frohe Botschaft, um die es in dieser Zeit geht. Sie gilt allen Menschen, die Konfessionen spielen keine Rolle.
Was wahr ist, ist wahr.

Und ein guter Moslem erkennt diese Wahrheiten in diesem Gebet ebenso, wie ein weiser Buddhist sie erkennt.

Aber wir in unserer Kultur haben oft den Sinn vergessen. Wir haben oft vergessen, dass dies kein Gebet ist, geeignet, dahingeplappert zu werden. Sondern das es viel Weisheiten und Versprechungen in sich hat.

Ich beginne: Vater unser, der du bist im Himmel ...
Was sagt Jesus da Ungeheuerliches? Er sagt nicht: großer Gott, der du weit weg bist. Großes mächtiges Wesen, unnahbar fremd, über mich herrschend ...
Er sagt: Vater „unser“, er sagt nicht: „mein“ Vater. Denn das würde bedeuten, dass er nur zu ihm gehört. Er sagt „unser Vater“ ...
Gott ist nun nichts Weiteres als der Vater.

Was ist denn ein Vater? Ein Vater ist der, der eine Generation älter ist. Das ist ein Vater. Das ist nichts Fremdes, ganz im Gegenteil: Es ist mein Ursprung und meine Richtung!

Ungeheuerlich, was Jesus da sagt, ganz ungeheuerlich. Darüber regte man sich sehr auf! Das war einer der Gründe, warum Jesus sterben musste.
Und dennoch bitte ich euch an diesem Abend, das einmal ganz wahr werden zu lassen in euren Herzen.
Gott ist euer Vater! Ihr seid seine Kinder, ihr folgt ihm nach.

Da wird nicht gesagt: Er ist vielleicht, wenn ihr Bedingungen erfüllt, euer Vater. Ein Vater ist man von dem ersten Atemzug des Kindes an. Dann ist man Vater.
Da ist ein ganz unfertiges Wesen, was dort kommt: Völlig unfähig, irgendetwas gescheit und vernünftig zu verrichten. Es ist weder klug genug noch stark genug, um auch nur ansatzweise das tun zu können, was richtig und vernünftig und gut ist. Und dennoch ist es das Kind des Vaters.
Und genau das seid ihr auch, ALLE seid ihr das. JEDER ist das ...
Und wenn ich jeder sage, dann meine ich JEDER.

Nein, das passt euch nicht: Ich meine wirklich jeder, jeder ist Kind Gottes.
Und so wie ein Neugeborenes so gar keine Ähnlichkeit mit dem Vater hat, soviel kleiner ist, so unfähig ist, soviel dümmer ist, so war auch eure Seele ganz am Anfang eurer Entwicklung.

Aber genauso wie dieses Neugeborene in sich das Programm trägt, eines Tages erwachsen zu sein, wie alle Potenziale in ihm liegen, klug, machtvoll, gut zu sein, eben dem Vater nachzugeraten - nicht identisch zu werden, das wäre etwas anderes, sondern nachzugeraten - so ist das auch euer Programm.

Das ist die Wahrheit! Das wird geschehen, es wird einfach geschehen. Ihr könnt euch noch solange noch so dumm und ungeschickt und böse anstellen: Letzten Endes wird auch noch das allerletzte Kind Gottes nach dem Vater geraten sein.

Ist das nicht eine wunderbare Nachricht?
Stellt euch nur eure größten Feinde vor, stellt euch die vor, die euch so sehr verletzt haben. Es gibt keine Ausnahme!
Das Gebet beginnt mit Vater unser, es schließt jeden mit ein.

Und das bedeutet, dass ihr Hoffnung haben dürft für jeden Menschen, dass auch er sich seinem Plan gemäß entwickeln wird, dorthin, wofür er vorgesehen ist.
Ein Kind Gottes zu sein, ein erwachsenes Kind mit allen Fähigkeiten gesegnet, auf dem Wege zum göttlichen Sein, jeder Einzelne.
Das sind nur zwei Worte dieses Gebetes: Vater unser ...

Und dann kommen die Nächsten: ... der du bist im Himmel ...
Ja, das kann man leicht missverstehen. Und es wurde sehr gerne und sehr gründlich missverstanden: der du bist im Himmel ...
Weit weg, unerreichbar für uns, weit, weit fort, noch weiter weg konnte man zur Zeit Jesu gar nicht sein als im Himmel. Aber das ist nie gemeint, das hat etwas mit der Sprachverwirrung zu tun.

Gott ist nicht im Himmel, weit da oben. Ihr kennt ja die dummen Sprüche jener Menschen, die sagen: Er wurde aber nicht gesehen von den Astronauten.
Der Himmel, den Jesus meint, ist nicht ein Ort! Es gibt keine geografische Lage. Der Himmel, von dem Jesus spricht, das ist kein Ort, sondern ein Zustand!
Gott ist in einer anderen Bewussteinssphäre. Es ist ein anderes Wahrnehmen. Das ist der Himmel.

Das, was ihr jetzt seht und begreift, dort in eurer Inkarnation, das ist nur ein Bruchteil der Wahrheit. Das ist nur ein Bruchteil dessen, was es wahrzunehmen gäbe. Das Ganze, das ist der Himmel. Und dort befindet sich Gott.

Das heißt, er ist überall! Er ist überall, er kennt alles, er weiß alles: Zusammenhänge, Ursprünge und Zielrichtungen, die nicht einmal wir bis in die ganze Tiefe begriffen haben. Das ist Himmel.

Er kennt das Große und die großen Zusammenhänge, die für uns kaum zu fassen sind. Aber genauso das Kleine, das Unscheinbare, auch dort ist er.
Der Himmel, das ist ALLES, was es gibt. Er umfasst alles, von dem kleinsten Kern der Materie bis hin zu Welten, deren Namen ihr nicht einmal kennt.
Er ist Teil von euch und er ist alles, was ist, das ganze Universum und alle Universen, die darauf bauen. Und er ist euer Vater ...
Und das bedeutet: Dort, wo er ist, das ist euer Zuhause. Ihr seid wie euer Vater im Himmel zuhause.

Ich möchte, dass ihr diese Worte in euren Herzen bewegt.

Ich möchte, dass all ihr Zweifelnden und ihr Einsamen diese Worte in euch aufnehmt und versucht, sie mit eurem Herzen zu verstehen und zu begreifen, wie wundervoll diese Botschaft ist. Jesus sagt nicht: Gottes Kinder sind nur diejenigen, die gut sind. Er sagt auch nicht: Gottes Kinder sind nur diejenigen, die gute Dinge tun. Oder nur diejenigen, die alles begreifen, was es zu begreifen gilt. Oder nur die Tapferen oder nur diejenigen, die besonders gut verzichten können.
Das alles sagt er nicht. Vater unser ...
Jeder ... jeder, jeder, jeder ist ein Kind Gottes! Und zwar so, wie er ist!

Ein Kind bist du, ob du ein Säugling bist oder ein mutiger kleiner Dreijähriger oder renitenter Fünfzehnjähriger, du bist Kind deines Vaters. Das ist völlig unabhängig von dem, was du tust oder denkst oder fühlst ...
Das ist ein Naturgesetz!

Und ich wünschte - und mit mir alle eure Guides - ihr würdet begreifen, aufgreifen und festhalten daran, was das bedeutet!

10. Kapitel
Beitrag 194
Elia
Das Gebet Jesu: ... der du bist im Himmel.

Fortsetzung: über das Gebet Jesu „Vater unser ..."

Ich habe euch sehr eindrücklich den ersten Teil des „Vater unser“ erklärt.
Vater unser ...
Das trägt in sich tiefste Geborgenheit, die eine Menschenseele je erfahren kann, und ich spreche von Erfahrung, nicht nur von Begreifen. Sich so geborgen zu wissen, das ist mehr als etwas, was der Geist zu lösen hat. Das ist etwas, was ihr erfahren werdet, jeder, immer. Und gerade dann, wenn ihr es am Wenigsten vermutet ...
Das „Vater unser“, dieser Satz wird in seiner Tiefe oft erst in der Todeserfahrung ganz erfasst. Und es gibt auch andere Gelegenheiten.

Das „Vater unser“ wird in seiner Tiefe erfasst in den großen Momenten des Lebens. Es wird erfasst in der Geburt, es wird erfasst in großen Gefahren und es wird erfasst in tiefen Glücksmomenten. Und in jedem Leben, in jedem Leben gibt es

Situationen, in denen es euch ganz erfasst. Aber zulassen müsst ihr es.

Nur wenige erlauben es sich! Die meisten versuchen, es wegzurationalisieren, die meisten. Traut euch ein bisschen mehr, die Gelegenheiten auszuschöpfen.
Wenn wir euch sagen: „Versucht eurem Leben mehr Lebendigkeit zu geben“, dann auch deswegen, weil ihr dann die Möglichkeit habt, dieses „Vater unser“ viel öfter in eurem Leben zu begreifen.

Spirituelle Erfahrungen, Gotteserfahrungen, das ist das Größte, was ein Mensch je erleben kann.

Und damit komme ich zum nächsten Satz: Vater unser, der du bist im Himmel ...
Was ist denn der Himmel? Ein ferner Ort, getrennt mit einer unüberwindlichen Mauer zwischen Diesseits und Jenseits? Nein, das ist er nicht.
Jesus sagte: „Der Himmel ist inwendig in euch!“

Und damit spricht er an, was ich eingangs sagte: Sich als Gottes Kind zu erfahren, geliebt und geborgen, voller Kraft und voller Vertrauen, das begegnet euch in eurem Leben schon. Der Himmel ist in euch in dem Maß, indem ihr euch traut, Gottes Kind zu sein. Indem ihr den Mut habt, euer Ich ganz zu verschmelzen mit dem Augenblick, den ihr erlebt.

Das ist der Himmel!

In dem Moment, in dem ihr sterbt, da erlebt ihr das sehr intensiv. Ihr seid ihr und wachst doch über die engen Begrenzungen eures Körpers und eures Geistes hinaus in etwas, das unendlich groß, unendlich schön und unendlich liebevoll ist. Und dann erlebt ihr, wie dieses große Unendliche ein Teil von euch ist. Und ihr ein Teil von ihm.

Ihr löst euch nicht auf in ihm. Ihr werdet nicht zum Nichts. Im Gegenteil: Ihr nehmt es auf in euch! Das Himmelreich findet ihr in euch selbst!

Gott findet ihr in euch selbst. In den größten Augenblicken eures Lebens könnt ihr dem nicht entweichen. Dann ist es mächtiger als eure Angst, dann ist es mächtiger als euer Wille, dann ist es mächtiger als euer Verstand.

Aber dass heißt nicht, dass der Himmel in euch nur in diesen großen Momenten des Lebens zu finden ist. Der Himmel in euch, Gott in euch, das könnt ihr täglich erfahren! Denn es ist die Wahrheit jeden einzelnen Tages. Jeden Tag könnten zumindest ein oder zwei

Minuten dieser Erfahrung gewidmet sein: ganz in Gott zu sein und ganz Gott in sich zu haben.

Die Möglichkeiten, dies zu erreichen, die sind vielfältig: Dem einen mag es Meditation sein, dem anderen mag es Betrachtung der Natur sein.

Es kann in der ekstatischen Freude der Sexualität liegen oder es kann in dem Zuhören und Mitgehen einer wunderbaren Musik sein. Es kann im Sturm über eurem Haus liegen oder es kann im Spiel der Sonnenstrahlen durch euer Zimmer sein. Sich für einen Augenblick der Ekstase zu öffnen, des Aufgehens in dem, was größer ist und des Bewusstwerdens, in sich selbst dieses Große zu haben!

Man geht nicht in den Himmel! Man fährt auch nicht in den Himmel, sondern man hat den Himmel! Es ist ein fester Besitz! Es ist euer Erbe!

Das ist das Erbe der Kinder Gottes! Sie haben den Himmel in sich. Und damit Gott.

Und in dem Maße, in dem ihr dies zulasst, in dem Maß seid ihr Gottes Kinder. Das Alltägliche findet sich von allein. Aber dem Himmlischen, dem muss man sich öffnen, das muss man zulassen.

Ihr sprecht von Fallen lassen, ich finde, das ist ein schlechter Ausdruck. Wer fällt, schlägt irgendwann schmerzlich auf. Ihr sollt euch nicht fallen lassen, sondern öffnen! Ihr sollt nicht nach unten sinken, sondern in die Weite gehen.

Weit, weit, weit macht auf euer Herz. Ein enges Herz hat Angst. Und wo Angst ist, da ist der Himmel weit weg, da ist er kaum zu erreichen. Da muss man sich schrecklich quälen.

Da, wo es euch gelingt, eure Angst zur Seite zu stellen, wo ihr euren Ängsten ein „und trotzdem tue ich es“ entgegenstellt, da habt ihr die Chance, die Wahrheit zu erleben:

Den Himmel in euch und euch im Himmel, Gott in euch und ihr in Gott …

11. Kapitel
Beitrag 180
Elia
Dein Wille geschehe, wie in den Himmeln, so auch auf der Erde.

Zu Gast sind Herbert und Wilfried.

Dein Wille geschehe, wie in den Himmeln, so auch auf der Erde.

„Lieber Vater, mach, was du willst, es wird schon gut sein." So in etwa könnte ein kleines Kind sagen, sagt es aber fast nie!
Im Gegenteil: „Lieber Vater, ich kenne deinen Willen, aber es in nun einmal so, ich muss machen, was ich will!" So ist die Realität. Ich muss machen, was ich will.

Wer ist dieses ICH? Ist dieses Ich Teil Gottes, ist das Kind Teil des Vaters? Ja, gewiss, natürlich.
Wenn ihr so ein dreijähriges Trotzköpfchen vor euch habt, das euer Sohn ist, der nie und niemals daran denkt, euren Willen zu tun, sondern seinen kleinen Kopf durchsetzen muss, ist er dann trotzdem euer Kind? Ganz gewiss.

Aber seid ihr dann auch sein Vater in der Vorstellung des Kindes?

Nein, nein, das seid ihr nicht. Sondern das Kind versucht eben gerade, Gott vom Thron zu stürzen, selbst Gott zu sein in seiner kleinen Welt.

Das ist die Situation. Bei allen Menschen: „Lieber Vater, dein Wille mag gut sein, aber meiner ist besser.“ So, so sind wir Menschen, wenn wir inkarniert sind.

Was ist der Wille Gottes? Der Wille Gottes ist eine Energie, es ist DIE Energie überhaupt, aus ihr heraus ist alles entstanden, was ist. Alle Ebenen des Bewusstseins sind aus ihr.
Der Wille Gottes ist Schöpfung. Der Wille Gottes ist Evolution. Der Wille Gottes ist ein Prozess des Werdens, ein Prozess der Vollendung. Der Wille Gottes ist der Antrieb für alles das, was existiert. Und: Er ist gut.
Was heißt das: Er ist gut?
Der Wille Gottes ist ein Ziel, das so unbeschreiblich gut ist, dass es euer und sogar mein Fassungsvermögen übersteigt. Ihr könnt den Willen Gottes sehen ganz wunderbar an der Geschichte der Evolution, soweit sie euch bekannt ist.

Alles hatte seinen Sinn, ALLES hatte seinen Sinn. Leben, Veränderung, Sterben, Neugeburt, Veränderung.

Immer und immer feiner ist die Entwicklung, immer und immer vollkommener wird das Prinzip. Nicht nur auf der Erde, überall. Nicht nur in materiellen Ebenen, auch in unseren.

Der Wille Gottes ist die Vervollkommnung. Wir hier erkennen dies sehr viel mehr als ihr. Ich kann versuchen, es in Worte zu kleiden und weiß, - und das ist mir eine Not, dies zu wissen - dass ich nicht einmal ein Zehntel dessen vermitteln kann, was an Herrlichkeit dahinter steckt.

Der Wille Gottes ist um so viel mehr größer als alles das, was ihr euch vorstellen könnt. Könnt ihr ihn im Kleinen erkennen, um ihn zu begreifen? Manchmal, manchmal, manchmal seht ihr das, was ihr „glückliche Fügung“ nennt.

Ihr seht vor allen Dingen im Rückblick auf euer Leben, welch merkwürdige und wunderbare Fügung es gab. Dann ahnt ihr, dann erreicht ihr den Zipfel eines gigantischen Mantels an Erkenntnis, den ich Gottes Willen nenne.

Gut, gut, gut, ist Gottes Wille. Aber so schwer für euch zu begreifen. Da ist euer Wille aus eurem Ich. Dieses Ich setzt sich zusammen aus vielen unterschiedlichen prägenden Faktoren.

Ich will ...

Oh, diese Aussage gilt es, zu überprüfen. Selten bin ich es! Da reden auch meine Vorfahren mit, meine Eltern, meine Mitmenschen, meine Kultur, meine Religion. Ich merke es gar nicht, dennoch ist es so.

Logisch ist unser Wille darauf bedacht, uns zu schützen vor unseren Ängsten, ist unser Wille darauf bedacht, nicht zu verlieren, was uns lieb ist, ist unser Wille darauf bedacht, das Bestdenkbare zu erreichen.

Unser Wille ist ein mächtiger Motor in unserem Leben. Er beeinflusst unseren Werdegang und damit den Werdegang anderer. Er ist wichtig, er ist nötig, aber er ist nicht absolut gut. Hier ist er im Gegensatz zum Wille Gottes.

Es ist es zwangsläufig, weil er ganz auf uns ausgerichtet ist: unser Bedürfnis, unsere Angst, unser Ziel. Wir erleben uns relativ isoliert und sind uns selten gewahr, dass wir Teil eines so großen Netzwerkes sind, das wir Teil der Schöpfung sind. Ein aktiver Teil, der die Macht hat, Dinge zu verändern, Dinge zu prägen, Dinge aus der Balance zu bringen oder wieder hinein.

Wir sehen uns im Mittelpunkt. Das kann zurzeit noch nicht anders sein!
Aber dies sage ich euch: Es wird anders sein!
Dieser Wille des Menschen im Gegensatz zu Gottes Willen, das ist eine schwere Zeit, wenn der Mensch erlebt, wo er steht. Das ist eine schwere Zeit, wenn er erlebt, dass er im Grunde so viel zu sagen hat wie damals als Dreijähriger gegenüber seinem Vater. Das ist so schwer, dass viele, viele Millionen Menschen in diesem Augenblick ihr Vertrauen in Gott verloren haben.

Aber dieser Wille des Menschen ist auch eine große Last. Eine riesige Last ist das, wenn ein Mensch sagt: „Das, was ich will, das wird auch geschehen." Denn er weiß nicht, ob das, was er will, gut ist: gut für sich, gut für den Nächsten, gut für die Welt. Er weiß es nicht. Es ist ihm eine Not, dass er es nicht weiß.

Wäre es anders, es gäbe keine Religionen, es gäbe keine Gesetze, es gäbe keine Ethik, es gäbe keine Philosophien. So groß ist die Not des Menschen, dass er nicht weiß, ob sein Wille gut ist. Er kann es nicht wissen.

Es fehlt ihm am Überblick. Er kann es hoffen, aber nicht wissen.
Eine Last ist das, mit der Verantwortung für seinen eigenen Willen zu leben.

Ist es denn die Aufgabe eines dreijährigen Kindes, schon zu wissen, was gut ist?
Nur sehr begrenzt, nur auf seinen kleinen Rahmen begrenzt. Nun, es kann schon einiges beurteilen, grad soviel, wie es für sein Alter angemessen ist. Es kann schon beurteilen, ob es gut oder schlecht ist, die Mama zu hauen. Und es kann schon beurteilen, ob es gut oder schlecht ist, mit Essen zu spielen. Das kann es.

Aber es kann nicht beurteilen, ob es gut oder schlecht ist, einen Besucher, der vor der Tür steht, hereinzulassen oder nicht. Es kann auch nicht beurteilen, ob es gut oder schlecht ist, nach rechts oder links auf einer Weggabelung zu gehen. Sein Urteilsvermögen darüber, ob sein Wille gut oder schlecht ist, ist begrenzt.

Wenn so ein dreijähriges Kind ganz allein die Straße entlang geht, da kommt es an eine Weggabelung und es weiß gar nicht: rechts oder links? Wo ist es gut, zu gehen? Da ist es froh, wenn der Vater ihm sagt: „Jetzt gehen wir rechts herum.“ Da ist es sehr froh, weil es weiß, der Vater weiß das, der kennt sich aus. Wir werden ans richtige Ziel kommen. Wenn ein Mensch seinen Weg durchs Leben geht, dann kommt er an Weggabelungen, bei denen er nicht mehr entscheiden kann, ob es gut ist, rechts oder links zu gehen. Dann wird die Not, nicht zu wissen, ob sein Wille gut ist, sehr, sehr groß.

Dann wird die Angst, sich falsch zu entscheiden, für sich oder auch für andere, zu einer immensen Bürde. Mancher ist daran schon zerbrochen.

Wenn ein Mensch aber an diesem Punkt ist und merkt: „Mein Wille, zu entscheiden, was recht und was falsch ist, ist hier so unsicher, dass ich in Gefahr komme oder meine Nächsten", dann ist es sehr gut zu wissen, dass da der Vater im Himmel ist, Gott und sein Wille, der entscheiden wird, ob es nach rechts oder links gehen soll.

Dein Wille geschehe - wie im Himmel, so auf Erden.

In den Himmeln ist es uns ganz klar, viel, viel klarer als bei euch, dass Gottes Wille gut ist. Dennoch haben auch wir Willensfreiheit, aber wir sind uns der Tatsache bewusst, dass es gut ist, mit Gottes Willen zu treiben. Wir lassen uns hineinfallen in diese Energie. Wir lassen uns von ihr ziehen bis zur nächsten Weggabelung. Wir wissen, es ist gut.

Aber ihr, ihr kämpft. Und wie ihr kämpft: Mein Wille geschehe, bitte Gott, lass meinen Willen geschehen. Und lass ihn bitte gut sein. Wenn ihr an Weggabelungen kommt, wenn ihr nicht wisst, ob euer Wille gut ist oder nicht, sprecht euren Willen aus, aber dann, dann bitte ich euch, nehmt Gottes Willen an.

Lasst euch treiben, lasst euch ziehen, vertraut dem Vater, wie das Dreijährige seinem Vater vertraut.

Viele Ziele kennt ihr nicht. Viele Ziele sind so, dass ihr sie fürchtet. Viele Ziele sind so weit entfernt von eurer Vorstellungskraft, dass ihr sie nicht erkennt. Immer dann, immer dann dürft ihr darauf vertrauen, dass ihr in Gottes Willen seid.

Ihr seid Bestandteil seines Willens. Ihr seid es auch dann, wenn ihr scheinbare Fehlurteile trefft. Selbst dann noch, wenn ihr euren Willen durchsetzt, seid ihr Bestandteil von Gottes Willen.
Das müsst ihr euch klar machen.

Auch eure Fehlentscheidungen sind Bestandteil der Energie, die die Evolution vorantreibt. Wenn dieser Satz gesagt wird: „Dein Wille geschehe, wie in den Himmeln, so auf Erden“, dann wird damit auch ein Versprechen gegeben.
Es wird das Versprechen gemacht, dass sein Wille in jedem Fall, in jedem Fall zum Guten führen wird: „Es liegt außerhalb meines Wissens und meiner Möglichkeiten des Verstehens, was du, Gott, willst und planst. Aber ich bin mir bewusst, dass du meinen Willen kennst und mich liebst und allzu gerne mir gibst, wonach ich begehre.

Aber ich weiß auch, dass du ein Ziel hast, das noch viel besser ist als mein Wille.
Und wenn mein Wille deinem widerspricht, so sage ich dir hier und heute, Gott, dann will ich mich nicht sträuben. Dann will ich deine Hand nehmen und dir vertrauen, wenn du an der Weggabelung stehst und mich nimmst und zu der Seite führst, von der nur du weißt, dass sie gut ist.“

Wer das so sehen kann, ist frei. Wer das so sehen kann, der ist fröhlich und von Herzen demütig. Beides zusammen. Wer das so sehen kann, der weiß, dass selbst seine Fehler Bestandteile von Gottes Plan sind und er ist nicht verlassen in Zeiten, in denen der eigene Wille kein Maßstab mehr ist, an dem man sich orientieren kann.

Dies wünsche ich euch allen: dass ihr diesen Satz mit Freude sagen könnt, dass euer Herz dabei leicht wird in der tiefen Gewissheit. Dass es hier um eine Kraft, um eine Energie geht, die nicht zu bremsen ist, nicht aufzuhalten und nicht zu verbiegen und die in ihrem Ziel unendlich gut ist.
Ich verabschiede mich für heute von euch.
Ich wünsche dir, lieber Herbert, dass du mit Freuden sagen kannst: Ich bin ganz geborgen in Gottes Willen, sein Ziel mit mir ist gut.

Ich wünsche dir, lieber Wilfried, dass du sagen kannst: Ich weiß, Gott, dass du mich an der Hand hältst, dass du an den Weggabelungen meines Lebens stehst und mich zu einem guten Ziel führst.

Ich wünsche euch eine schöne Zeit.

12. Kapitel
Beitrag 178
Elia
Und vergib uns unsere Schuld,
so wie auch wir vergeben unseren Schuldigern.

„Und vergib uns unsere Schuld, so wie auch wir vergeben unseren Schuldigern“.
Das ist die nächste lebensnotwendige Bitte. Wir sprachen über das tägliche Brot. Das ist lebensnotwendig und nun das Nächste.

Es gibt nur diese zwei Lebensnotwendigkeiten: Das, was Körper, Geist und Seele notwendig brauchen und „Vergib uns unsere Schuld, so wie auch wir vergeben ...“
Warum ist das lebensnotwendig? Wir sind es nicht, Gott ist es nicht, der euch verurteilt. Nein.

Das Gefühl, sich schuldig gemacht zu haben, das Bewusstsein, Ursache einer fatalen Wirkung zu sein, ist eine erschreckende Erkenntnis für einen lebenden Menschen. Schuld an etwas zu sein, das anderen geschadet hat, ist das Entsetzlichste überhaupt, wessen sich eine Seele zu stellen hat.
Denn es raubt ihr jede Illusion über ihre eigene Unfehlbarkeit: dass sie unfehlbar ist, Gott gleich, DIESES Bewusstsein steht am Anfang JEDER Seele.

Und damit hat sie sich aus dem Paradies genommen. Denn NIE war sie Gott gleich.
DAS ist der eigentliche Sündenfall.

Und es ist die Aufgabe der Seele, es ist ihre tiefste Sehnsucht, in das richtige Verhältnis zwischen sich und Gott zurückzufinden.
„Ich bin unfehlbar!" Das ist die einzige Sünde. Und diese Einstellung, die muss sie revidieren. Sie ist fehlbar! Gott ist unfehlbar. Sie ist es nicht. Er ist Vater, sie ist Kind. Für ewig.

Der Weg ist so lang. Mit dieser Wahrheit Frieden zu machen, scheint so schwer. Und deshalb verstricken wir uns wieder und wieder in Schuld.

Oh, wir suchen nach Erklärungen, wir suchen nach Begründungen, wir suchen nach Ursachen, dennoch stehen wir da und machen uns schuldig.
Wir sind Ursache von Wirkungen, die uns zutiefst erschrecken. Wir können uns nicht vergeben. Wir können uns herausreden, aber wir können uns nicht vergeben.

Vergeben heißt: „Es ist erledigt es ist vorbei, ich kreide dir das nicht an.

Es bedeutet nicht, dass du schlecht bist, sondern: Ich denke darüber nicht mehr nach. Es ist erledigt. DAS heißt vergeben.

Das heißt nicht: „Ich bin trotzdem lieb und nett zu dir, obwohl du schlimme Dinge getan hast.“ Sondern: „Es ist wirklich gelöscht“.
Früher hatten die Kaufleute eine schwarze Tafel in ihren Läden hängen. Da stand drauf, wer dem Kaufmann wie viel schuldete. Und wenn der Kaufmann den Schwamm nahm und die Kreidezahl wegwischte, dann war die Schuld erledigt. DAS ist vergeben.

Und wir bitten Gott darum, dass er DAS tut. Dass ER es wegwischt. Wie kann ER das? Es ist ja in unserem Bewusstsein. Wie kann ER das? Es ist ja unsere Wahrheit: „Wir haben uns schuldig gemacht“.

Ja, ER kann das! ER kann das, weil er weiß, dass wir fehlbar sind! So wie der Vater eines Kindes es weiß, dass es einfach zu klein ist, um all das richtig zu machen, was es zu beachten gilt. So kann ER das.

ER kann sagen: „Liebes Kind, selbst diese deine Schuld ist ein Teil meines großen Plans. Daher wische ich deine Schuld ab. Du brauchst nichts zu bezahlen“.
Huuuh, DAS anzunehmen, das ist schwer. Darum ringen Seelen viele Inkarnationen lang. Das ist viel schwerer als der Versuch, Pfennig für Pfennig zurückzuzahlen, womit ich in der Kreide stehe.

Denn es demütigt mich. Es bringt mich auf den Platz unterhalb von Gott.

Es bestätigt meine Fehlbarkeit. Und das ist sehr schwer zu ertragen. Das widerspricht dem ersten Sündenfall.

Nein, nein, meine Lieben. Wir alle sind nicht wie Gott. Ihr nicht und ich nicht und niemand. Wir alle sind fehlbar. Wir alle sind nämlich in der Entwicklung. Und selbst wenn wir vollendet sind, sind wir doch nicht so vollkommen, wie ER es ist.

Und das zu wissen, ist eine große, große Gnade, DAS wirklich als Wahrheit zu begreifen: „Ich brauche NIEMALS, niemals von mir erwarten, dass ich unfehlbar bin. ER erwartet es nicht von mir, und ich brauche es auch nicht.
Das ist ein großes Glück. Darin liegt ALLE Seligkeit. „Lösch meine Schuld aus, ich bitte dich." Das ist etwas, was Vertrauen verlangt in ihn. Und das ist etwas, was mit einem Lächeln getan werden sollte.

Sich schuldig machen und daraus lernen, SO ist es richtig.
Nicht daran zu verzweifeln, nicht daraus Selbsthass speisen. Sondern lernen, das zu sehen, was wahr ist. Nämlich: Dass wir fehlbar sind, unvollkommen, demütig werden im besten Sinne.

„Ja“, sagt Gott zu uns. „Ja, ich will euch. So, wie ihr seid. So fehlbar und unvollkommen, wie ihr seid. Ich will euch. Ich will euch so sehr, dass ich ALLES tue, damit ihr begreift, wie sehr ich euch liebe. Wie sehr ich euch will. Ich liebe euch mitsamt euren Fehlern. Ich liebe euch mitsamt euren Sünden. Ich liebe euch so, wie ihr seid. Und ich lösche eure Schuld. Ich nehme einen Schwamm und wisch es weg.
IHR BRAUCHT MIR NICHTS ZURÜCKZUZAHLEN.
Es gibt nichts, was ihr mir zurückzahlen könntet. Eure Schuld ist geschehen. Ihr habt getan, was ihr getan habt. Aber ich rechne es nicht an.“
Könnt ihr euch vorstellen, welche Gnade das ist, DAS zu begreifen?
Eure Inkarnation ist die Folge anderer Inkarnationen. Sie ist es, damit eben DIESES geschehen darf: das Auslöschen eurer Schuld. Nicht das Abtragen, nicht das Zurückzahlen, Pfennig für Pfennig, Leben für Leben. Es gibt nichts, was ihr zurückzahlen könntet. Es gibt nichts rückgängig zu machen.

Sondern eure Inkarnationen haben eines zum Ziel, dass ihr eins versteht: dass ihr fehlbar seid. Und dass das so in Ordnung ist.
Und dass Gott eure Schuld löscht. Einfach so. Aus Liebe. Weil ER die Ursache dafür ist, dass ihr seid, wie ihr seid. Weil ihr so sehr ein Teil von ihm seid, wie eure Kinder ein Teil von euch sind.

„Vergib mir meine Schuld", beten wir, weil uns unsere Schuld TÖTET. Ja, das tut sie. Wer sich schuldig wähnt, der fällt ein Urteil über sich. Darüber, was er wert ist, was sein Leben ist.

Und wer sein Urteil über sich gefällt hat, der wird diesem Urteil folgen. Folgerichtig und gradlinig. Und oft genug über viele Inkarnationen! Bis endlich, endlich die Seele nach der Möglichkeit greift, die Schuld löschen zu lassen, Vergebung anzunehmen.
„Vergib mir meine Schuld, so wie ich vergebe meinen Schuldigern".

Ja, wie ist das? Wie ist denn das? Wie vergeben wir denn unseren Schuldigern? Mal leicht, mal schwer. Wir messen, wir beurteilen, wir schauen uns die Folgen an. Wir lassen uns von unserer Angst treiben, erneut verletzt zu werden, Opfer zu sein.
„Ich vergebe dir." Das ist so ein Satz, der hat sehr wenig mit dem Löschen von Schuld zu tun. Sondern der hält das Bewusstsein, dass der andere schuldig ist, aufrecht.

GOTT MACHT WAS GANZ ANDERES: Der sagt nicht „Ich vergebe dir", der löscht die Schuld. Sie war nie da!
Wenn wir mit all der Bitterkeit, die ein Opfer empfindet, mit all der Angst, die ein Opfer leidet, von einer Inkarnation in die nächste

gehen, werden wir immer und immer wieder daran erinnert, dass DAS noch keine Vergebung ist.

Erst dann haben wir Frieden, wenn wir es wie Gott machen und die Schuld löschen. Wenn wir unsere Angst aufgeben, wieder verletzt zu werden, wenn wir unsere Wut aufgeben, die sich aus dieser Angst speist. Wenn wir unsere Bitterkeit hinter uns lassen, die daraus entstanden ist, dass wir unserer Wut keinen Namen geben konnten.

Löschen wir doch einfach die Schuld! Was geschehen ist, ist geschehen.
Man kann schauen, warum es geschah, um es zu verstehen. Man kann schauen, was man unternehmen kann, damit es nicht wieder geschieht, euch oder anderen.
Das ist „Vergeben der Schuld“: daran arbeiten, dass diese Wahrheit sich ändert.
„Ich höre auf, dein Opfer zu sein. Es ist erledigt, es ist vorbei.“
„Ich höre auf, wütend auf dich zu sein. Das war gestern. Es ist vorbei.“
„Ich höre auf, bitter über das zu sein, was du mir angetan hast. Ich lösche all das, was mich so bitter gemacht hat. Es ist endgültig vorbei.“

DAS ist Vergeben der Schuld der anderen. Beides hängt zusammen. Beides hängt in einem Satz zusammen, weil beides einander bedingt. In dem Maß, in dem ich vergeben kann, in dem ich auf meiner schwarzen Tafel die Kreidestriche lösche, in dem Maß kann ich diese Gnade auch von Gott annehmen.
Das eine geht nicht ohne das andere.

Ohne Schuld zu inkarnieren, bedeutet: Mit allem zu inkarnieren, wozu ihr fähig seid. Es bedeutet nicht, vollkommen zu sein. Aber es bedeutet, keine Angst mehr zu haben.
Und da, wo keine Angst mehr ist vor dem Urteil, nicht zu genügen, da wo diese Angst endgültig gelöscht ist, da kann Gottes Liebe wirken, da bricht sie durch.
DAS ist nämlich unser „Kind sein in Gott". Deshalb sind wir seine Kinder. Darin sind wir ihm ähnlich: dass wir lieben können.

Zu lieben bedeutet, zu leben. Wer Angst davor hat, lebt nicht. Er hat einen Körper, das mag sein. Er hat einen Verstand, das wohl. Aber er lebt nicht.

Liebe und Leben - das klingt nicht nur ähnlich - das ist beides der gleichen Wurzel entsprungen. Die Wurzel ist Gott. Darum ist diese Bitte wohl die wichtigste Bitte überhaupt im „Vater unser".

Denn sie greift über das irdische Leben weit hinaus. Diese Bitte hat Bezug auch auf unsere jenseitige Entwicklung. Ganz besonders dort!

Denn Vieles, wessen wir uns schuldig gemacht haben, kommt im vollen Ausmaß uns erst ins Bewusstsein, wenn wir jenseitig sind. Und Vieles, was wir erlitten haben, kommt im jenseitigen Bewusstsein erst zum Tragen.

HIER sind wir bis in die tiefste Tiefe unseres Seins darauf angewiesen, es anzunehmen, dass unsere Schuld endgültig gelöscht wird. Und HIER können wir für immer und alle Zeiten die Schuld anderer an uns löschen.

Leben ist mehr als inkarniert sein. Auch WIR leben. Wir sind lebendige Seelen! Und auch WIR bitten um Vergebung und auch WIR vergeben, weil auch wir - genau wir ihr - nichts so sehr ersehnen, wie zurückzufinden in die vollkommene Einheit mit Gott.

Ich danke euch für eure Aufmerksamkeit. Ich wünsche euch ein wunderbares Wochenende.
Ich wünsche euch, dass ihr die ganze Vergebung Gottes annehmen könnt.
DAS ist der Weg der Freiheit.

13. Kapitel
Beitrag 176
Elia
Und führe uns durch die Versuchung und erlöse uns von dem Übel.

Elia: guten Abend, mein lieber Freund.

Hajo: guten Abend, Elia!

Elia: Ja, heute werden wir uns wohl mit dem umstrittensten Themenpunkt des „Vater unser“ beschäftigen! Ich verwende eine Übersetzung, die euch ungewöhnlich erscheinen mag. Dennoch bestehe ich darauf, es so zu sagen!

Wir hatten zum letzten Mal das Thema Schuld besprochen und wir werden auch heute darüber reden. Nichts belastet uns so sehr, wie Schuld! Selbst im Jenseits folgt uns unsere Schuld! Wir scheinen machtlos zu sein. Wir brauchen Hilfe.

Aus diesem Bewusstsein heraus, dass wir Hilfe brauchen, dass wir nicht allein und aus eigener Kraft in der Lage sind, unsere schuldhaften Verstrickungen zu lösen, ergibt sich der nächste Satz des „Vater unser“:

Und führe uns durch die Versuchung und erlöse uns von dem Übel!

Das ist zusammen zu sehen! Es ist übel, in Versuchung zu geraten!

Was aber ist Versuchung? Versucht uns Gott? Nö (schmunzelt), sicher nicht!
Er muss uns nicht ausprobieren, wie ein Kind ein Spielzeug ausprobiert. Er kennt unsere Funktion, denn er ist in uns und wir sind ein Teil von ihm.

Nein, er ist es nicht, von dem Versuchung kommt! Ist es dann der große Versucher? Das personifizierte Böse? Nein, denn es gibt nichts außerhalb von Gott.
Es gibt den Gegenpol, es gibt das Minus zum Plus, aber Minus und Plus gehören zusammen so, wie Nord- und Südpol zusammengehören.
Nein, diesen personifizierten Versucher, den gibt es so nicht!

Wer also versucht uns? Wir! Wir selbst! Wir sind es die uns in Versuchung führen! Wir sind es!
Und was denkt ihr, ist das Übel? Das Übel schlüsselt sich nicht auf in eine Reihe fester Sünden, sondern das Übel ist individuell. Es ist etwas, das mit uns als Persönlichkeit der Seele zu tun hat. Man kann es nicht messen. Man kann es nicht werten, außer aus der Persönlichkeit selbst heraus!

Die größte Versuchung, die wir haben, ist: Uns aus der Ordnung zu nehmen. Es gibt eine Ordnung. Es gibt eine Rangfolge.
Es gibt Gott, Erzengel, Menschen. Wir können diese Ordnung nicht umdrehen und versuchen es doch ständig!

Wir nehmen ständig die Position Gottes ein, ohne es zu merken und laden uns dabei eine Bürde auf, die wir nicht fähig sind, zu tragen. Das ist unsere größte Versuchung seit jeher!
Wir hören auf, Kind Gottes zu sein, Teil Gottes zu sein und versuchen zu sein, was er ist! Nicht wie er ist, sondern was er ist!

Ihr meint, das träfe nur auf jene zu, die hochmütig und despotisch versuchen, über andere zu herrschen? Nein, nein, es trifft auch auf jene zu, die so stolz in sich sind, dass sie es auf sich nehmen, lieber die Erbärmlichsten und Schlechtesten sein zu wollen, als etwas so belangloses wie eine gewöhnliche Menschenseele!

Das ist Versuchung! Versuchung ist immer dann da, wenn wir außerhalb unserer Ordnung treten. Außerhalb der Ordnung zu sein, ist auch isoliert sein. Das ist eine einsame Position! Und es ist eine aussichtslose Position.

Sie hat Folgen: für uns, für andere, die immer Leid verursacht! Die Versuchung, sich außerhalb der Rangfolge zu stellen, birgt das tiefste und größte Leid in sich!
Außerhalb der Rangfolge sein, das kann bedeuten, dass wir uns in unserer Wirkung und Macht völlig überschätzen, dass wir uns in unserer Weisheit und Weitsicht völlig überzogen sehen! Dass wir uns in unserer Gerechtigkeit und in unseren Tugenden weit über alle anderen erheben.

Aber es kann auch bedeuten, dass wir das Urteil Gottes über uns nicht annehmen, das da heißt: Du bist mein liebes Kind! Dass wir uns dagegen wehren, lieb zu sein! Dass wir uns dagegen wehren, zu ihm zu gehören! Dass wir uns dagegen wehren, dass er uns ein wunderbares Erbe bereithält.
Auch das ist „außerhalb der Ordnung sein“! Sich unter dem eigenen Wert befinden wollen! Beides sind schlimme Versuchungen!
Und zu Recht, zu Recht bitten wir darum: Hilf mir da durch, Vater!
Denn es gibt niemanden, der je geboren wurde, ohne in diese Versuchungen zu geraten! Alle erleben sie! Dies ist die sogenannte Erbschuld. Dies ist sie. Dass wir uns außerhalb der Ordnung stellen!

Diese Schuld ist kein Zufall der Schöpfung, sie ist nicht da um uns zu testen, sondern sie ist da, damit etwas sehr Wunderbares

geschieht. Sie ist der Grund, warum alle humanoiden Wesen einmal eine ganz besondere Rolle im Gefüge des Universums bekommen werden. Sie allein werden sich freiwillig auf ihren Platz in der Ordnung stellen.
Ein Erzengel kann gar nicht anders als in der richtigen Reihenfolge stehen. Er kennt Gott allemal, jederzeit. Er kennt den Verlauf der Entwicklung. Er kennt den Zusammenhalt der Kräfte des Universums.

Aber den Humanoiden ist dieses Wissen nicht gegenwärtig, solange sie nicht eine bestimmte Entwicklung genommen haben. Sie wissen nicht. Sie müssen glauben. Die müssen zutiefst und zuinnerst die Überzeugung erlangen, dass es eine gute Ordnung ist! Freiwillig und mit Freuden sollen sie annehmen was war ist. Dass sie ein Teil sind des Ganzen. Und nicht das ganze Selbst. Dass sie ein Kind sind und nicht der Vater.

Dass sie klein sind und er groß, sollen sie nicht als Demütigung begreifen, sondern als Geschenk. Sie sollen nicht danach streben, selbst Vater zu sein, sondern sich von Herzen darauf freuen, ganz Kind sein zu dürfen!

Diese Freiwilligkeit der Entscheidung ist das wichtigste Prinzip im Diesseits und im Jenseits. Um diese Freiwilligkeit der Entscheidung

zu erreichen, ist es notwendig und unumgänglich, eine tiefe Einsicht der Richtigkeit dieser Reihenfolge zu erfahren.
Nicht nur zu wissen, sondern lebendig zu erfahren.
Die Versuchungen sind das „sich selbst erleben“ in Situationen, die mit dieser Reihenfolge, mit dieser Ordnung, zu tun haben. Sich darin erleben, zeigt der Seele, wo etwas fehlt, wo etwas schmerzt! Wo etwas unbedingt geändert werden muss! Wo sie ihre Einstellung, so wie sie jetzt ist, verändern muss.

Ihr nennt es Reue. Ja, es kann Reue sein! Reue ist etwas, was euch niemand abnimmt. Was immer irgendwann geschehen muss! Reue ist schmerzhaft, solange wir stolz sind! Reue ist heiter, wenn wir begreifen, dass es Erkenntnis ist, die dazu führt, sich positiv zu ändern.
Wir freuen uns über jeden Schützling, der Reue erfährt! Denn Reue bedeutet, eine Korrektur vornehmen zu wollen.

Damit meine ich nicht die schreckliche Selbstverdammung so vieler Menschen, die sie gelernt haben aus euren kirchlichen und staatlichen Erziehungssystemen!
Sondern ich meine die Erkenntnis, dass wir sehen, wo wir falsch gelegen haben. Wo wir Chancen übersehen haben, wo wir uns

unterschätzt oder überschätzt haben und uns damit selbst schadeten und auch anderen.

Und wo wir zu einem Ergebnis kommen, dass heißt: „Das würde ich so nicht mehr tun! Es ist nicht recht, es so zu tun, ich mach das jetzt anders."
Reue will nicht in die Knie zwingen, sondern Reue will uns wieder zurückbringen an den richtigen Standort. Und der richtige Standort ist: „Lieber Vater im Himmel, ich bin dein Kind!"

Wir schaffen das nicht allein, wir schaffen das nicht! Egal, wie viele Regeln und Gesetze uns reglementieren, egal, wie gut unser Gerechtigkeitssinn funktioniert, das schaffen wir nicht allein! Wir brauchen dabei die Wärme Gottes um uns, wir brauchen dabei sein Vertrauen in uns. Und wir, die Guides, sind es, die euch diese Wärme und dieses Vertrauen zu vermitteln versuchen!

Seid getröstet, seid getröstet in euren eigenen Finsternissen. Schaut sie euch ruhig an und habt keine Angst! Erschreckt euch nicht vor dem, was in euch ist!
Denn es ist menschlich und es ist veränderbar. Habt den Mut, euch verändern zu lassen.

Wie verändert Gott uns? Mit Strafe? Niemals! Sondern durch Erkenntnis. So verändern sich Seelen: nur und einzig und allein durch tiefe Erkenntnis!

Führe uns durch die Versuchung! Sei doch bitte bei uns, wenn wir es uns und anderen schwer machen und halt uns fest, wenn wir das erkennen! Und zeig uns Deine Liebe, wenn wir das begreifen: Wir haben Fehler, wir lagen ganz falsch ...

Sei dann bei uns, wenn wir die größte aller möglichen Enttäuschung erleben: die Enttäuschung über uns selbst!

Ent-täuscht sein, das heißt doch nichts anderes als: Die Täuschung hört auf! Und das ist gut! Lieber Vater, bitte hilf mir, meine Täuschungen zu erkennen!

Das ist deshalb gut, weil dass, was ich hinter der Täuschung entdecke, die Wahrheit ist über mich und über andere. Und diese Wahrheit ist Liebe.

Die Wahrheit über jedes Wesen, das ist, ist: Es ist Teil Gottes. Die Wahrheit über euch alle ist: Ihr seid Gottes geliebte Kinder! Aber ihr seid Teil!

Führe mich durch meine Täuschungen, ich bitte dich! Und erlöse uns von dem Übel!

Ja, bittet! Das ist eine wichtige Bitte!

Erlöse uns von diesem Übel.

Dieses Übel ist Teil der Entwicklung der humanoiden Seelen. Dieses Übel der Selbstüberschätzung oder Unterschätzung ist Teil der Entwicklung.

Und es gibt nur einen Einzigen, der beeinflussen kann, wann diese Täuschung beendet ist. Das ist ER! Die Ursache der Entwicklung alles Seins!

Wenn dieser Teil der Entwicklung abgeschlossen ist, dann habt ihr ein Bewusstsein, das dem unseren ähnelt!

Hier im Jenseits ist jeder - so er es denn will - in der Lage, seine Täuschungen zu entlarven, aber auf Erden ist das nicht möglich! Das Bewusstsein dafür fehlt euch noch.

Die Erde braucht zunehmend dieses neue Bewusstsein, aber noch wäre es eine zu schwere Last! Nicht, weil ihr so schrecklich seid! Wenn ihr erkennen würdet, wie vielen Täuschungen ihr nachrennt, dann hättet ihr nicht genug Liebe für euch, um euch das zu verzeihen!

Es mangelt noch an Liebe, um dieses Bewusstsein zu ertragen. Noch urteilt ihr zu streng, sowohl über euch als auch über andere.

Und noch begreift ihr das ganze Ausmaß der Liebe Gottes nicht, um zu verstehen, dass er niemals straft, dass er unendlich geduldig ist! Dass er niemals das Vertrauen in euch verliert!

Darum bitten wir: Führe uns durch die Versuchung und erlöse uns von dem Übel!

Wir geben die Verantwortung dafür, jeder Versuchung widerstehen zu können und jedes Übel zu überwinden, in seine Hände. Wir lassen es ihm, dass er es lenkt und unsere Seelen so bewegt, dass wir im rechten Maß zur wahren Erkenntnis kommen, wo unser Platz in der Schöpfung ist. Wer ihn gefunden hat, diesen wahren Platz, der ist selig! Ob er lebt oder stirbt, ob er auf der Erde inkarniert oder auf einem anderen Planeten!

Der ist selig, denn er hat die Wahrheit des Seins begriffen.
Kein Zweifel mehr, keine Frage nach dem Sinn, sondern Freude und Erfüllung im Sein! Das ist das Ergebnis, wenn er uns durch die Versuchungen unserer Leben geführt hat und das Übel von uns genommen ist.

Ich wünsche euch, dass diese Worte Frieden in euch bringen, in eure zerrissenen Herzen. Ich wünsche euch, dass sie euch begreiflich machen, dass ihr geliebt werdet. Nicht dafür, dass ihr so gut seid, nicht, obwohl ihr auch schlecht seid ...
Sondern, dass ihr geliebt werdet, wie immer ihr gerade seid! Gott liebt euch!

An jedem Punkt Eurer Entwicklung seid ihr sein Kind! Vertrauen, Zuversicht und Umsicht hat er für euch. Geduld und Nachsicht hat er für euch! Wer - wenn nicht er - hat es, der euch doch erschaffen hat.

Er ist wirklich in euch und ihr seid wirklich in ihm!

Immer!

Jederzeit!

Und jedermann!

Das ist schwerer zu ertragen als alle Gesetze, als alle Gebote eurer Welt!

Ich danke dir, Hajo, dass du mir soweit zugehört hast!

14. Kapitel
Beitrag 232
Elia
Denn dein ist das Reich und die Kraft und die Herrlichkeit in Ewigkeit.

Ich möchte heute über das Schönste und Wunderbarste reden, worüber ich mit euch reden kann – über Gottes Größe.
Gott ist groß, so sagen die Moslems.
Ja, Gott ist groß.

Wie groß er ist, ihr Lieben, das zu erfassen braucht es mehr als euren menschlichen Verstand. Das zu erfassen, ist nur möglich, wenn ihr euer Herz öffnet.

Gott zu fürchten, oh, das ist einfach.
Aber Gott nicht zu fürchten und dennoch seine ganze Größe zu begreifen, das ist eine spirituelle Entwicklung, zu der hin sich jede Seele aufgemacht hat.

Beides erkennen: Seine Größe und seine unerschütterliche Liebe, das ist es, worum sich alle Inkarnationen drehen.
Zu erkennen, dass Er das große Alles ist, dass Er alles ist, was außerhalb von mir existiert, und gleichzeitig zu wissen, dass Er in mir ist und ich Teil von ihm.

Das bedeutet zweierlei: zu erkennen, wie groß ich bin und dennoch wie klein.

Es ist nicht leicht für unsere Seelen, diese Erkenntnis in ihrer ganzen Tragweite aufzunehmen. Dennoch ist es Ziel aller.

Allah ist groß, Gott ist groß, denn „dein ist das Reich und die Kraft und die Herrlichkeit in Ewigkeit“.

So schließt das "Vater unser".

Es schließt mit der Gewissheit darüber, dass all das, worum wir gebeten haben in jedem einzelnen Satz davor, als Bitte an den ging, der alles in allem ist.

Diese Bitte, die wir gestellt haben, die Bitte um Vergebung, die Bitte um Fürsorge, die Bitte um unser täglich Brot, all diese Bitten haben wir an den Mächtigen, den All-Mächtigen gestellt.

Der aber eben nicht wie ein despotischer Herrscher über uns herrscht und richtet, sondern der will, dass wir ihn Vater nennen, weil wir ihn in uns tragen, so wie ein Kind das Erbgut seines leiblichen Vaters in sich trägt.

Wie jedes Kind der Welt das Genom seiner leiblichen Eltern in sich trägt, so trägt unsere Seele quasi das Genom Gottes in sich.

Nein, kein Kind wird je gleich wie seine Eltern sein. Ein Kind ist immer individuell, aber es trägt in sich das Erbe der Väter. Und so auch unsere Seelen.

Wir werden nie gleich unserem Vater sein, aber wir tragen ihn in uns als etwas, das sich entwickelt, als etwas, das sich vervollkommnet.

Wenn ein Kind klein ist, dann sagt es oft: „Wartet nur, bis ich einmal groß bin“, weil es weiß, dass es das sicherlich einmal sein wird. Es wird einmal groß sein. Es wird einmal erwachsen sein.

Unsere Seelen aber - wenn sie inkarniert sind - wissen nichts mehr davon, dass sie eines Tages groß sein werden.

Was bedeutet das? Welche Art von Größe wird es sein?

Nun, Freunde, die Größe Gottes ist unermesslich. Sie ist so unermesslich, dass ihr sie nicht verstehen, wohl aber fühlen könnt.

„Dein ist die Kraft“.

Welche Kraft ist da gemeint? Alle Kräfte, die es gibt, sind gemeint. Vor allem aber die Lebenskraft. Existent sein bis in alle Ewigkeit, das ist unser Erbe.

„Dein ist das Reich“.

Welches Reich ist da gemeint? Ein Reich, ein Land, das hat eine Grenze, nicht wahr, und einen Mittelpunkt?
„Das Reich Gottes ist inwendig in euch", sagt Jesus. Es kommt nicht von außen, es ist inwendig in euch. Ein Reich, das keine Grenzen hat, das alle Grenzen sprengt, das winzig klein sein kann und unermesslich groß, eines aber auf jeden Fall: allgegenwärtig.
Dieses Reich ist unser Erbe.

„In alle Ewigkeit".
Was heißt das? Solange ihr lebt, gibt es Anfang und Ende. Aber hier, wo ich bin, gibt es das nicht. Alles ist gegenwärtig, alles ist eine nicht endend wollende Entfaltung und Entwicklung, unermesslich, unendlich, immerwährend.
Und auch das ist unser Erbe.

Wir sind immerwährend in Gott. Gott ist groß, wir sind in ihm und wir finden ihn inwendig in uns. Was hindert die Seele, das wahrzunehmen?
Angst.
Was sie hindert, ist Angst. Angst vor der Endlichkeit ihres Seins, Angst zu vergehen im unendlichen Nichts. Sie ist auf dem Weg die Trennung zwischen dem, was außen ist und ihr, zu überwinden. Das ist es, was die menschliche Seele auszeichnen wird.

Schaut, jene Energiewesen, jene Wesen, die ihr „Erzengel“ nennt: Sie sind sich jederzeit Gottes bewusst und ihrer selbst. Sie wissen jederzeit, dass sie sowohl Teil Gottes sind als auch autonome Individuen. Beides. Die Trennung der Dualität ist ihnen allgegenwärtig.

Doch uns ist etwas anderes vorgegeben. Das ist unser Auftrag, uns aus der Selbstverständlichkeit der Gottesgegenwart, aus der heraus wir entstanden sind, in die Einsamkeit der Individualität zu begeben, um dann aus freien Stücken, Kraft unserer eigenen Willensentscheidungen, uns wieder zu ihm hin zu bewegen.

Nicht, weil uns ein innerer Zwang dazu treibt. Nicht, weil es nun einmal zu unserem Sein gehört, sondern wirklich aus freien Stücken in ihn eingehen. Das bedeutet, auf unserer Wanderung von Existenz zu Existenz geht es darum.

Auf diesem Wege machen wir Erfahrungen, die so groß und wichtig sind, dass sie es Gott wert sind, all das auf sich zu nehmen, was erlitten wird. Er ist unser Vater, und er leidet mit jedem Einzelnen mit. Unterschätzt das nicht.

Kein einziges Leben, in dem er nicht mitleidet, in dem er nicht miterlebt, miterfährt, was wir erleben und erleiden müssen.

Er ist in uns!
Aber er zwingt uns nicht, das zu akzeptieren, dass wir in ihm sind. Wir dürfen uns jederzeit gegen ihn entscheiden. Wir dürfen uns jederzeit gegen seine Macht entscheiden, ja.

Er zwingt sie uns nicht auf, seine Liebe. Er zwingt uns nicht auf, unsere Angst fallen zu lassen. Er zwingt uns nicht auf, unseren Hochmut aufzugeben. Er zwingt uns nicht auf, unseren Zorn fahren zu lassen. Er zwingt uns nicht auf, unsere Gier aufzugeben. All das tut er nicht.

Denn Zwang wäre das Gegenteil von Erkenntnis. Ihm geht es um die Wahrheit. Ihm geht es darum, dass wir in ihm sind als freie Wesenheiten.

Um das zu können, durchlaufen wir einen weiten Prozess, in dem wir einen Irrtum nach dem anderen ablegen. Und mit jedem Irrtum, den wir auskehren, wird sein Reich, das ewig ist, größer.

Was ich euch sage, ist nicht zu verstehen, wohl aber zu erfahren.
Gott ist alles – und wir sind in ihm.
Wenn ich euch sagte: Ihr seid der Mond, die Sterne, ihr seid die Erde und die Wasser, ihr seid in der Lage, euch als Seelen in all das

hinzubegeben, dann sprengt DAS euren Verstand, dennoch ist es die Wahrheit der Seele.
Ihr seid eurer Gestern und euer Morgen, nicht nur euer Heute. Ihr seid die, die euch begegnen im Jetzt und die, die einmal waren im Gestern. Eure Gegenwart seid ihr selbst.

Alles ist durchwoben mit der Wahrheit, dass ihr Kinder Gottes seid und damit zu allererst und vor allem: spirituelle Energie. Alles, was ist in eurem Leben, ist spirituelle Energie, ist Geist Gottes, ist euer Erbe.
Alles ist Gott: das Reich, die Kraft und die Ewigkeit. Und ihr seid Teil davon. Und darüber hinaus werdet ihr in der Lage sein, selbst dieses „Teil sein“ nicht mehr als Dualität zu empfinden, sondern als ein Aufgehen in allem – was - ist.

Ihr werdet euch nie verlieren, ihr werdet niemals aufhören zu sein, was ihr seid und dennoch aufgehen in allem – was - ist.
Gott ist groß – und wir sind in ihm. Jeder ist ein Teil Gottes.

Versucht es, hin und wieder wenigstens, mit dem Herzen zu erfassen, was das heißt: Jeder ist ein Teil des Vaters. Wir alle sind in ihm gemeinsam. Wir sind UNTRENNBAR miteinander verbunden in ihm. Wenn ihr auch nur einen Zipfel dieser Wahrheit begreifen wolltet, dann müsst ihr in euch hineinhorchen, in eure Stille des Herzens.

Gottes Reich ist IN euch, nicht außerhalb. Ihr erreicht es in der Stille, nicht im Lärm. Es kommt im Kleinen, nicht im Großen. Es ist eine Entwicklung, die nicht durch äußere Anlässe geschieht. Es kommt durch Freiwilligkeit, nicht durch Zwang in euer Leben.

Es kommt mit der Wahrheit.
Und die Wahrheit ist: Gott IST Liebe. Liebe ist die Kraft. Liebe heißt das Reich. Liebe in alle Ewigkeit.

Uta Hierke-Sackmann	**Hans-Jürgen E. Sackmann**
Jenseitsmedium Heilpraktikerin mit eigener Praxis Therapien Schutzengelkontakte Verstorbenenkontakte	Medialer Heiler Autor

Angeboten werden vor Ort in der Praxis von Uta Hierke-Sackmann:

Therapien für eine Person oder Paar-Therapien

Therapieangebote: mediale Reinkarnationstherapie

Mediale Familienaufstellungen von Seelen

Informationen und Fall-Beispiele finden Sie im Internet auf den Seiten:

http://heilpraxis.hierke-sackmann.de

http://www.jenseitsbibliotheken.de

www.ingramcontent.com/pod-product-compliance
Ingram Content Group UK Ltd.
Pitfield, Milton Keynes, MK11 3LW, UK
UKHW020240250726
13967UKWH00001B/471

9 781471 612046